AF454461

Der Dekan von Shandong

Daniel A. Bell

Der Dekan von Shandong

Interne Einblicke in eine chinesische Universität

Daniel A. Bell
Faculty of Law
University of Hong Kong
Hongkong, China

ISBN 978-3-658-50581-3   ISBN 978-3-658-50582-0   (eBook)
https://doi.org/10.1007/978-3-658-50582-0

Die Deutsche Nationalbibliothek verzeichnet diese Publikation in der Deutschen Nationalbibliografie; detaillierte bibliografische Daten sind im Internet über https://portal.dnb.de abrufbar.

Übersetzung der englischen Ausgabe: „The Dean of Shandong" von Daniel A. Bell, © Princeton University Press 2023. Veröffentlicht durch Princeton University Press. Alle Rechte vorbehalten.

Das eingereichte Manuskript wurde ins Deutsche übersetzt. Die Übersetzung wurde mit künstlicher Intelligenz erstellt. Um eine hohe Qualität der Übersetzung zu gewährleisten, wurde sie anschließend von den Autor*innen inhaltlich geprüft und ggf. überarbeitet. In stilistischer Hinsicht kann sie sich dennoch von einer herkömmlichen Übersetzung unterscheiden.

Covergestaltung: deblik Berlin

Springer ist ein Imprint der eingetragenen Gesellschaft Springer Fachmedien Wiesbaden GmbH und ist ein Teil von Springer Nature.
Die Anschrift der Gesellschaft ist: Abraham-Lincoln-Str. 46, 65189 Wiesbaden, Germany

Wenn Sie dieses Produkt entsorgen, geben Sie das Papier bitte zum Recycling.

Für meine Unicitée

Über dieses Buch und Danksagung

Dieses Buch basiert auf meiner Erfahrung als Dekan der Fakultät für Politikwissenschaft und öffentliche Verwaltung an der Shandong Universität in den Jahren 2017 bis 2022. Vielleicht habe ich den Erwartungen an einen Dekan nicht immer entsprochen, aber ich hoffe, dieses Buch wird meine tiefe Wertschätzung für meine Kollegen und Studenten zum Ausdruck bringen. Die Shandong-Universität ist eine einzigartig fruchtbare Umgebung für akademische Entfaltung und zwischenmenschliche Begegnung.

Mein Dank gilt Shadi Bartsch-Zimmer, James Hankins und meiner Schwester Valérie für Ermutigungen und detaillierte Kommentare zu frühen Entwürfen. Die deutsche Übersetzung wurde mit Hilfe künstlicher Intelligenz erstellt. Um eine hohe Qualität der Übersetzung zu gewährleisten, wurde sie anschließend inhaltlich geprüft und überarbeitet. Hierfür danke ich Jan Treibel und Daniel Hawig von Springer VS, sowie Ingrid Walther, die das komplette Buch gewissenhaft geprüft und verbessert hat.

Ich widme dieses Buch meiner Frau Pei. Fast drei Jahre lang war ich von Familie und Freunden außerhalb des chinesischen Festlands getrennt, was eine schwierige Zeit war. Doch Pei und ich haben fast jede Minute zusammen verbracht, was nicht nur eine intellektuelle und emotionale Bereicherung darstellte, sondern mir auch bei meiner Arbeit als Dekan half. Ich übernehme die volle Verantwortung für alles, was schieflief, aber in dem Maße, in dem Dinge gelungen sind, gebührt ein großer Teil des Verdienstes Peis informellem Rat. Schließlich danke ich auch unseren beiden Katzen, Zhezhe (喆喆) und Lele (乐乐), die so viel Freude in unser Leben bringen – trotz der Tatsache, dass sowohl Pei als auch ich gegen Katzen allergisch sind.

Einleitung: Interne Einblicke in eine chinesische Universität

Ich bin jetzt nicht und war zu keiner Zeit Mitglied der Chinesischen Kommunistischen Partei (CCP). Dennoch diene ich als Dekan einer großen Fakultät für Politikwissenschaft an einer chinesischen Universität, die sowohl Studenten als auch Kader auf Provinzebene ausbildet, um dem Land als Beamte der Kommunistischen Partei zu dienen: Dies ist typischerweise ein Posten, der Mitgliedern der CCP vorbehalten ist – angesichts der politischen Sensibilität der Aufgabe. Das ist ein Teil der Überraschung. Der andere Teil ist, dass ich kanadischer Staatsbürger bin, geboren und aufgewachsen in Montreal, ohne chinesische Vorfahren. Am 1. Januar 2017 wurde ich offiziell zum Dekan der Fakultät für Politikwissenschaft und öffentliche Verwaltung der Shandong-Universität ernannt. Ich war der erste ausländische Dekan einer politikwissenschaftlichen Fakultät in der Geschichte des chinesischen Festlands, und das war in China eine große Nachricht. Die Shandong-Universität ist die führende Universität in einer Provinz mit mehr als hundert Millionen Menschen, und die Fakultät für Politikwissenschaft und öffentliche Verwaltung zählt mehr als achtzig Lehrer und mehr als tausend Studenten. Meine Ernennung zum Dekan erfolgte nicht aufgrund eines Bekenntnisses zur offiziellen marxistischen Ideologie Chinas, sondern wegen meiner wissenschaftlichen Arbeit zum Konfuzianismus. Die Provinz Shandong ist die Wiege des Konfuzianismus – sowohl Konfuzius als auch Mencius wurden im (heutigen) Shandong geboren und Xunzi lehrte an der Jixia-Akademie im Zentrum der Provinz, dem chinesischen Äquivalent von Platons Akademie.[2] Unser Parteisekretär, selbst ein 76. Nachfahre von Konfuzius, glaubte, ich könne dabei helfen, den Konfuzianismus zu fördern, während ich zugleich die Internationalisierung unserer Fakultät vorantreibe und ihre akademische Leistung verbessere.

Meine Ernennung zum Dekan erscheint weniger überraschend, wenn man sie im Kontext der Umgestaltung der chinesischen Hochschullandschaft während der Reformperiode der vergangenen vier Jahrzehnte betrachtet. Es bestand ein starker Druck, Chinas Universitäten zu internationalisieren, etwa durch die Integration einer internationalen Perspektive in Lehre und Forschung sowie die Verwendung der englischen Sprache, insbesondere in den Natur-, Ingenieur- und Wirtschaftswissenschaften. Universitäten konkurrieren um die Anstellung im Ausland ausgebildeter Wissenschaftlerinnen und Wissenschaftler sowie ausländischer Lehrkräfte. Sie stellen Mittel für Forschungsaufenthalte ihrer Lehrenden und internationale Studienprogramme ihrer Studierenden bereit. Sie kooperieren mit ausländischen Partnern und die Regierung unterstützt die Gründung von Zweigstellen ausländischer Universitäten wie etwa der New York University in Shanghai.

Führende Universitäten wie die Tsinghua-Universität in Peking streben danach, mit den besten Universitäten des westlichen Auslands zu konkurrieren, und sind in den internationalen akademischen Rankings stetig aufgestiegen.[3] Die Shandong-Universität mag in ihrer Internationalisierung zunächst vielleicht langsamer vorangekommen sein, doch sie hat hart daran gearbeitet, aufzuholen.[4]

Jedoch bedeutet Internationalisierung nicht unbedingt Verwestlichung. In den vergangenen zehn Jahren wurde die Präferenz westlichen Denkens in der Wissensproduktion (insbesondere in den Geistes- und Sozialwissenschaften) zunehmend in Frage gestellt. Internationalisierung wird heute zunehmend als ein wechselseitiger Prozess gesehen, der ausländisches Wissen nach China und chinesisches Wissen in die Welt trägt.[5] In diesem Kontext war es nur folgerichtig, einen ausländischen, konfuzianisch orientierten Gelehrten als Dekan an die Shandong-Universität zu berufen, der sowohl die Internationalisierung der Universität fördern als auch Chinas eigene intellektuelle Traditionen international sichtbar machen konnte.

So gern ich auch eine glückliche oder inspirierende Geschichte von meiner Zeit als Beamter in der Provinz Shandong erzählen möchte, so sehr handelt es sich größtenteils um eine Geschichte von Fehlern und Missverständnissen. Doch meine Position als Dekan hat mir einen einzigartigen Einblick in die chinesische Hochschullandschaft und das politische System Chinas ermöglicht. Dieses Buch ist der Versuch, das zu teilen, was ich in den letzten fünf Jahren als Dekan gelernt habe. Es ist in einer selbstironischen und spielerischen Tonlage geschrieben, doch es handelt sich nicht um eine Autobiographie. Ziel ist es, Einblicke in das Innenleben der chinesischen Universitäten und deren Bedeutung für das politische System Chinas zu vermitteln, basierend auf meiner eigenen Erfahrung. Das Buch besteht aus kurzen, miteinander verbundenen Essays, die weitgehend chronologisch geordnet sind.

Als Hintergrundinformation werde ich zunächst etwas über den Konfuzianismus und seine Wiederbelebung in

China in den letzten drei Jahrzehnten sagen. Die konfuzianische Tradition wurde seit dem frühen 20. Jahrhundert in China mehrfach für tot erklärt, hat aber inzwischen ein dramatisches Comeback erlebt.

Dann werde ich auf meinen eigenen Werdegang eingehen: Wie kam es dazu, dass jemand aus einem bescheidenen Arbeitermilieu in Montreal ein Universitätsbeamter in einer konservativen chinesischen Provinz werden konnte, die sich gegenüber Veränderungen als ungewöhnlich widerstandsfähig erweist?[6] Auch muss ich die Form des Buches erklären. Es stützt sich auf meine persönlichen Erfahrungen, um Licht auf die chinesische Hochschulwelt und das politische System zu werfen – aber warum die vielen Geständnisse über das, was schiefgelaufen ist? Der Leser mag sich auch fragen: Was ist meine politische Agenda? Ich möchte damit offen umgehen. Den Abschluss dieser Einleitung bildet eine kurze Zusammenfassung des Buches.

Das Comeback des Konfuzianismus

Der Konfuzianismus ist eine ethische Tradition, die von Konfuzius (ca. 551–479 v. Chr.) verbreitet wurde. Konfuzius (*Kongzi* auf Chinesisch) sah sich selbst als Übermittler einer älteren Tradition, die er in seiner eigenen Zeit neu zu beleben versuchte.

Konfuzius wurde in der Nähe des heutigen Qufu in der Provinz Shandong geboren (heute ist Qufu eine Verwaltungsregion mit etwa 650.000 Einwohnern, von denen fast ein Fünftel den Nachnamen Kong tragen und ihre Familiengeschichte auf Kongzi zurückführen).

Konfuzius reiste von Staat zu Staat – China war noch nicht vereinigt – in der Absicht, die Herrscher von der Notwendigkeit zu überzeugen, mit Moral zu regieren. In seinen politischen Ambitionen scheiterte er jedoch und entschied sich für das Leben eines Lehrers. Seine Ideen und Aphorismen wurden von seinen Schülern in den

Analects (Gesprächen) für die Nachwelt aufgezeichnet. Konfuzius erscheint dort oft im Dialog mit seinen Schülern als ein weiser, mitfühlender, bescheidener und sogar humorvoller Mensch.

Seine einflussreichsten Anhänger, Mencius (*Mengzi* auf Chinesisch, ca. 372–289 v. Chr.) und Xunzi (ca. 310–235 v. Chr.), hatten ebenfalls wenig glanzvolle Karrieren als öffentliche Beamte und entschieden sich für eine Lehrtätigkeit in der heutigen Provinz Shandong.

Der Konfuzianismus wurde in der kurzlebigen Qin-Dynastie (221–206 v. Chr.) vom selbsternannten ersten Kaiser von China, Qin Shi Huang, unterdrückt. Während der Han-Dynastie (206–220 n. Chr.) jedoch erhielten die Gedanken von Konfuzius offizielle Anerkennung und wurden weiter zu einem umfassenden System entwickelt, das auf Chinesisch als *Rujia* bekannt ist. Der Begriff „Konfuzianismus" ist eine westliche Erfindung und insofern irreführend, als Konfuzius nicht der Gründer einer Tradition in dem Sinne war, wie Jesus Christus als Religionsstifter das Christentums begründet hat.

Der Konfuzianismus war über weite Strecken der nachfolgenden kaiserlichen chinesischen Geschichte die vorherrschende politische Ideologie – bis zum Zusammenbruch des Kaiserreichs im Jahr 1911. Die konfuzianische Tradition ist enorm vielfältig und wurde fortwährend um Einsichten des Daoismus, Legalismus und Buddhismus bereichert, in jüngerer Zeit auch durch Liberalismus, Demokratie und Feminismus. Dennoch hält sie an bestimmten Kernüberzeugungen fest. Hierzu gehört die Annahme, dass das gute Leben auf der Pflege harmonischer sozialer Beziehungen basiert, ausgehend von der Familie und sich von da aus nach außen erstreckend. Das gute Leben gleicht einer nie endenden Suche nach persönlicher Vervollkommnung durch Studium, Rituale und das Lernen von anderen Menschen. Einfach ist das nicht: Konfuzius selbst sagte, er habe erst im Alter von 70 Jahren (was heute einem Alter von 105 Jahren entspräche) das Stadium erreicht, in dem seine Wünsche mit dem übereinstimmten, was moralisch richtig sei.

Das beste Leben liegt im Dienst an der politischen Gemeinschaft, beruhend auf Weisheit und Menschlichkeit (*ren* 仁). In der Praxis bedeutet dies vor allem, ein öffentliches Amt anzustreben. Doch nur eine Minderheit vorbildlicher Personen (*junzi* 君子) konnte dieses Ideal verwirklichen, weil die meisten Menschen zu sehr mit ihren alltäglichen Sorgen beschäftigt sind. Die ideale politische Ordnung ist ein vereinigter Staat, dessen Herrscher aufgrund ihrer Verdienste und nicht ihrer Herkunft an die Macht gelangen. Öffentliche Beamte sollten dafür sorgen, durch faire Landverteilung und niedrige Steuern zunächst das materielle Wohl der Menschen zu sichern, und diese dann moralisch fördern. Sie sollten mit leichter Hand regieren: durch Bildung, moralisches Vorbild und Rituale – Bestrafung gilt als letztes Mittel.

Solche Ideen hatten einen tiefgreifenden Einfluss auf das Wertesystem der kaiserlichen Beamtenschaft. In den Ming- und Qing-Dynastien wurden Beamte über strenge Prüfungen ausgewählt, die das Wissen über die konfuzianischen Klassiker testeten. (Der Kaiser wurde zwar nicht durch Prüfung ausgewählt, aber oft in den konfuzianischen Klassikern ausgebildet). In der Realität jedoch wich das Ideal der humanen Herrschaft oft einer politischen Praxis, die auf harte „legalistische" Gesetze zurückgriff, um die Macht des Staates zu stärken, anstatt dem Volk zu nutzen.[7]

Das Ende des Kaisertums schien auch das Ende der konfuzianischen Tradition zu bedeuten. Intellektuelle und politische Reformer aller Richtungen machten diese Tradition für Chinas „Rückständigkeit" verantwortlich (mit wenigen Ausnahmen, wie Liang Shuming, dem „letzten

Konfuzianer").[8] Seit der Bewegung des 4. Mai 1919 war die vorherrschende Haltung der Anti-Traditionalismus. Der Sieg der Kommunistischen Partei Chinas im Jahr 1949 schien dem Konfuzianismus den Todesstoß zu versetzen. Anstatt auf „feudale" Traditionen wie den Konfuzianismus zurückzublicken, sollten die Menschen einer strahlenden kommunistischen Zukunft entgegensehen. Während der Kulturrevolution nahm dieser Anti-Traditionalismus eine extreme Form an, als die Roten Garden alle Überreste der „alten Gesellschaft" auszulöschen versuchten und auch Konfuzius' Grab in Qufu schändeten.

Heute jedoch zeigt sich, dass es offenbar die Anti-Traditionalisten waren, die auf der falschen Seite der Geschichte standen. Chinesische Intellektuelle sehen sich allgemein als Teil einer langen Kulturgeschichte mit dem Konfuzianismus als ihrem Kern. Aspekte des chinesischen Marxismus-Leninismus – wie die Armutsbekämpfung und die Vorstellung einer politisch aufgeklärten „Avantgarde", die den Übergang in eine moralisch überlegene Form der sozialen Ordnung anführt – lassen sich durchaus mit konfuzianischen Ideen vereinbaren, die ebenfalls eine überlegene Elite von Beamten fordern, um das materielle und moralische Wohl des Volkes zu sichern. Insofern lässt sich das kommunistische Experiment auch als der Versuch verstehen, auf alten Traditionen aufzubauen, anstatt sie zu ersetzen.

Daher ist es wenig überraschend, dass die KPCh sich dem Konfuzianismus offiziell annähert. Die konfuzianischen Klassiker werden an den Schulen der Kommunistischen Partei gelehrt, der Bildungslehrplan in Grund- und Sekundarschulen wird entsprechend modifiziert, auch Reden und politische Dokumente verweisen zunehmend auf konfuzianische Werte. Die Eröffnungsfeier der Olympischen Sommerspiele 2008 in Peking – vom Politbüro abgesegnet – markierte eine Art Wendepunkt und so etwas wie eine offizielle Bestätigung der Konfuzianisierung der Partei: Marx und Mao fehlten, vielmehr trat Konfuzius als kulturelles Aushängeschild auf. Im Ausland fördert die Regierung den Konfuzianismus über Zweigstellen des Konfuzius-Instituts, einem chinesischen Sprach- und Kulturzentrum, ähnlich der Alliance Française in Frankreich und dem Goethe-Institut in Deutschland. Die Konfuzius-Institute sind in westlichen Ländern umstritten, werden aber in anderen Teilen der Welt durchaus begrüßt und finanzieren zum Beispiel Workshops, die die konfuzianischen Vorstellungen vom Selbst mit Konzepten der *Ubuntu*-Ethik vergleichen.[9]

Doch die Wiederbelebung des Konfuzianismus wird nicht nur staatlich gefördert. Auch unter kritischen Intellektuellen in China erfährt diese Tradition ihr Comeback. Jiang Qing etwa, der einflussreichste konfuzianisch inspirierte politische Theoretiker, las zunächst die konfuzianischen Klassiker, um sie in der Kulturrevolution zu verurteilen. Je mehr er sich aber mit dieser Lehre befasste, desto mehr erkannte er ihren Wert und bewahrte seine intellektuelle Neugier für günstigere Zeiten. Heute leitet er eine unabhängige Konfuzianische Akademie in der abgelegenen Provinz Guizhou. Er plädiert für einen institutionell verankerten Rat konfuzianischer Gelehrter mit einem Vetorecht gegenüber politischen Entscheidungen sowie für einen symbolischen Monarchen, der aus der Familie Kong stammen soll.[10] Jiang Qings Werke wurden, wenig überraschend, auf dem chinesischen Festland zensiert, was jedoch die sich geradezu explosionsartig entwickelnde akademische Debatte um die konfuzianische Tradition nicht aufhalten konnte. Vielmehr gibt es eine Art umgekehrten Braindrain, eine regelrechte Rückwanderung von konfuzianisch inspirierten Gelehrten aus den Vereinigten Staaten nach China. Tu Weiming, der führende Vertreter des Konfuzianismus im Westen, verließ Harvard, um das Institute for Advanced Humanistic Studies an der Peking-Universität zu leiten. Einige Jahre später folgte Roger Ames, der renommierte Übersetzer und Interpret der konfuzianischen Klassiker, von der Universität von Hawaii an den Lehrstuhl für Geisteswissenschaften der Peking-Universität. Der konfuzianische Theoretiker Bai Tongdong verließ eine Beamtenstelle in den Vereinigten Staaten, um Dongfang Chair Professor für Philosophie an der Fudan-Universität zu werden.[11]

Der interkulturelle Psychologe Peng Kaiping, der in Experimenten zeigte, dass Chinesen – konfuzianisch geprägt – tendenziell kontextueller und dialektischer denken als Amerikaner,[12] verließ eine Beamtenstelle in Berkeley und wurde Dekan der Fakultät für Sozialwissenschaften an der Tsinghua-Universität.

Trotz zunehmender Zensur ziehen die lebhaften akademischen Debatten um die konfuzianische Tradition kritische Intellektuelle weiter an. Zeitschriften wie *Kultur, Geschichte und Philosophie* (文史哲) und *Konfuzius-Forschung* (孔子研究) – beide herausgegeben von Wang Xuedian an der Universität Shandong[13] – sowie Websites wie *Rujiawang* bieten renommierte Plattformen für die Verbreitung konfuzianischer Forschungsarbeiten. Im 20. Jahrhundert hatte sich der akademische Konfuzianismus nach Hongkong, Taiwan und in die Vereinigten Staaten verlagert. Heute verschiebt sich das Zentrum wieder zurück auf das chinesische Festland.

Diese politischen und akademischen Entwicklungen werden durch wirtschaftliche Faktoren gestützt. China ist eine wirtschaftliche Supermacht, und der ökonomische Aufstieg geht mit neuem kulturellen Selbstbewusstsein einher (und nicht zuletzt mit einer besseren Finanzierung der Geisteswissenschaften). Max Webers Argument, der Konfuzianismus hemme die wirtschaftliche Entwicklung, gilt angesichts des wirtschaftlichen Erfolgs der ostasiatischen Staaten mit konfuzianischem Erbe als überholt. Im Gegensatz zum Islam, zu Hinduismus und Buddhismus gab es nie einen organisierten konfuzianischen Widerstand gegen die wirtschaftliche Modernisierung. Im Gegenteil: Eine weltliche Einstellung, gepaart mit Werten wie Bildung und Verantwortung für künftige Generationen, könnte zum wirtschaftlichen Wachstum beigetragen haben.

Doch die Moderne hat ihre Kehrseite: Sie fördert Atomisierung und psychische Belastungen. Der Wettbewerb um sozialen Status und materielle Ressourcen wird heftiger, während soziale Verantwortung abnimmt. Gemeinschaftliches Leben, Fürsorge und Rücksichtnahme gehen verloren. Selbst diejenigen, die es an die Spitze schaffen, fragen sich: „Und jetzt?" Sie erkennen, dass materieller Wohlstand nicht unbedingt zu Wohlbefinden führt. Er ist nur ein Mittel zum guten Leben, aber was genau ist das gute Leben? Geht es allein um die Verfolgung eigener Interessen? Die meisten Menschen in China wollen nicht als individualistisch gelten. Das persönliche Glück, erscheint ihnen zu egozentrisch. Um sich gut zu fühlen, muss man auch zu anderen gut sein.

Hier kommt der Konfuzianismus ins Spiel: Ihm zufolge liegt das gute Leben in gelingenden sozialen Beziehungen, zuerst im Engagement für die Familie, dann darüber hinaus. Im chinesischen Kontext ist die konfuzianische Ethik jene Ressource, die das moralische Vakuum der Moderne zu füllen vermag.[14]

Kurz gesagt: Eine Mischung aus politischen, akademischen, wirtschaftlichen und psychologischen Trends erklärt die Wiederbelebung des Konfuzianismus in China. Gleichwohl sollte man nicht übertreiben. In jüngster Zeit scheint die konfuzianische Renaissance ins Stocken geraten zu sein. Es sind nicht nur ältere Parteikader, die noch von der maoistischen Abneigung gegen die Tradition beeinflusst sind und Versuche ablehnen, Wertesysteme außerhalb eines starren Marxismus zu etablieren: Wie später (Kap. 7) zu sehen sein wird, erlebt auch die die marxistische Tradition ein starkes und überraschendes Comeback. Kommunistische Ideale prägen zunehmend wieder politische Prioritäten und akademische Debatten. Liberale Akademiker wiederum, auf der anderen Seite des ideologischen Spektrums, betrachten konfuzianisch inspirierte Verteidigungen sozialer Hierarchien und politische Meritokratie oft kritisch. Sie machen den Konfuzianismus für Chinas autoritäre Tendenzen in Familie und Politik verantwortlich. Ganz davon zu schweigen, dass der Konfuzianismus keinen substanziellen Einfluss auf Chinas Minderheiten wie Tibeter und Uiguren hat. Es wäre also ein Fehler, die chinesische Kultur mit dem Konfuzianismus gleichzusetzen.

Gleichwohl ist der Einfluss des Konfuzianismus – in sozialen Alltagspraktiken, der Selbstwahrnehmung sowie der politischen Ausrichtung – nirgends so stark wie in Shandong, der Heimat der konfuzianischen Tradition. Die Nummernschilder der Provinz beginnen mit dem Zeichen 鲁 *(Lu)*, dem Namen des längst erloschenen kleinen Staates von Konfuzius.[15] Shandong Airlines zitiert über ihren Sitzen aus den *Analects* des Konfuzius.[16] Dorfleiter auf dem Land unterrichten junge Kinder in den konfuzianischen Klassikern.[17]

Die Soziologin Anna Sun sieht den Beginn der staatlich geförderten Konfuzianismus-Renaissance im September 2004, anlässlich der Feier des 2.555. Geburtstags von Konfuzius in Qufu.[18] Nach dem Zusammenbruch der kaiserlichen Qing-Dynastie im Jahr 1911 waren die jährlichen Staatsriten zu Ehren von Konfuzius im Tempel von Qufu eingestellt worden. Doch 2004 übernahm der Staat erstmals wieder offiziell die Leitung der Feierlichkeiten, seitdem wird die Zeremonie im nationalen Fernsehen übertragen. Am 26. November 2013 besuchte Präsident Xi selbst Qufu, lobte die konfuzianische Kultur und kritisierte die Zerstörungen durch die Kulturrevolution. Er besuchte eine konfuzianische Akademie und erklärte, er werde zwei konfuzianische Klassiker, die man ihm überreicht hatte, gewissenhaft lesen. 2016 gründete die Regierung in Qufu eine Akademie zur Ausbildung „tugendhafter Beamter" (政德教育学院), in der mittlere Kader aus dem ganzen Land in konfuzianischer Ethik geschult werden.

Es verwundert also nicht, dass die Universität Shandong einen Dekan für Politikwissenschaft und öffentliche Verwaltung allein aufgrund seiner Studien über die zeitgenössischen sozialen und politischen Implikationen des Konfuzianismus einstellte, obwohl dieser weder Chinese noch Mitglied der KPCh ist. Aber wie kam ich als konfuzianischer Gelehrter selbst nach China?

Vom Kommunitarismus zum Konfuzianismus

Wie die frühen Konfuzianer habe auch ich mich als zweite Wahl für das Leben eines Lehrers entschieden. Als Junge träumte ich davon, professioneller Eishockeyspieler für die Montreal Canadiens zu werden. Aber die Eishockeywelt war zu wettbewerbsintensiv, also ging ich nach Oxford, um politische Theorie zu studieren.

Ich stamme aus einem gemischten jüdisch-katholischen Elternhaus und hatte weder ein besonderes Interesse an China noch studierte ich in Oxford chinesische Philosophie. Warum also sollte ich nach China gehen? Diese Frage musste ich nicht nur mir selbst beantworten. „Warum sind Sie nach China gekommen?" ist die häufigste Frage, die jedem Ausländer, der in China lebt, gestellt wird. In meinem Fall antworte ich gern mit einem Scherz: Möchten Sie die offizielle oder die wahre Geschichte hören? Natürlich wollen die meisten die wahre

Geschichte erfahren. Hier ist sie: In Oxford verliebte ich mich in eine Kommilitonin aus China. Kurz darauf heirateten wir. Ich begann die Sprache zu lernen und war zunehmend von der chinesischen Kultur fasziniert. Seit unserer Scheidung im Jahr 2020 erzähle ich allerdings lieber die offizielle Geschichte. Und diese lautet: Meine Doktorarbeit in Oxford war ein Versuch, die zeitgenössische „westliche" kommunitaristische Theorie gegen ihre liberalen Kritiker darzustellen und zu verteidigen. Der Kommunitarismus geht davon aus, dass menschliche Identitäten weitgehend durch verschiedene Arten von konstituierenden Gemeinschaften (oder sozialen Beziehungen) geprägt sind und dass diese Auffassung der menschlichen Natur unsere moralischen Urteile, politischen Überzeugungen, Institutionen und Politiken beeinflussen sollte. Wir leben den größten Teil unseres Lebens in sozialen Gruppen, wie Löwen, die in Rudeln leben, und nicht wie individualistische Tiger, die meist alleine umherstreifen. Diese Gemeinschaften prägen uns und wir haben die moralische Verpflichtung, sie zu erhalten und zu unterstützen. Sie geben unserem Leben Sinn, ohne sie wären wir orientierungslos, tief einsam und unfähig zu fundierten moralischen und politischen Urteilen.[19]

Für meine erste akademische Stelle zog ich nach Singapur. Dort war die Diskussion um „asiatische Werte" allgegenwärtig. Trotz meiner Skepsis gegenüber einem solch vagen Begriff wurde mein Interesse geweckt, als sich die Debatte zunehmend auf konfuzianische Werte konzentrierte. Ich erkannte bald, dass der Konfuzianismus viel mit kommunitaristischen Themen gemein hat – wie dem relationalen Verständnis des Selbst oder der Bedeutung von Kultur und Geschichte für moralisches und politisches Denken. Zugleich aber sah ich im Konfuzianismus eine viel tiefere und reichere Tradition mit einer Geschichte von mehreren Jahrtausenden – im Gegensatz zum

Kommunitarismus, der letztlich eine jüngere Abspaltung des Liberalismus darstellt.

Darüber hinaus greift der Konfuzianismus Themen auf, die im kommunitaristischen Diskurs weitgehend fehlen – wie kindliche Pietät, die Bedeutung von Ritualen, Harmonie in der Vielfalt und politische Meritokratie. Es lohnt sich, diese Aspekte auch akademisch zu untersuchen. So verlagerte ich meine Forschungsinteressen zunehmend auf den Konfuzianismus. Und da sich diese Tradition in China gerade neu belebt, machte es Sinn, dorthin zu ziehen, um diese Debatten vor Ort kennenzulernen. Schließlich landete ich in der Provinz Shandong, dem Ursprungsort der konfuzianischen Kultur.

„Wann planen Sie, nach Hause zu gehen?" ist die zweithäufigste Frage, die Ausländern in China gestellt wird. Es wird meist angenommen, dass wir früher oder später wieder gehen – wegen der kulturellen Unterschiede, des vermeintlich „düsteren" politischen Systems und nicht zuletzt, weil das Leben in wohlhabenderen, saubereren und weniger überfüllten westlichen Ländern als angenehmer gilt.

Inzwischen wird mir diese Frage nicht mehr gestellt. Man geht schlicht davon aus – wohl zu Recht –, dass ich für immer hier bleiben werde, also bis zu meinem Lebensende.

Der erste Grund ist vielen meiner Freunde bekannt: Ich habe eine Wissenschaftlerin geheiratet, die tief in der chinesischen Kultur verwurzelt ist und in China ihre akademische Karriere aufbauen will. Der zweite Grund ist, dass ich gewissermaßen Teil des chinesischen politischen System geworden bin: Von 2017 bis 2022 war ich Dekan der Fakultät für Politikwissenschaft und öffentliche Verwaltung an an der Universität Shandong. Eine solche Position würde man keinem akademischen „Touristen" anbieten, sie setzt eine langfristige Bindung an meine neu angenommene Heimat voraus. Mir wurde eine schwer zu erhaltende chinesische „Green Card" (永久居留证) angeboten, die eine dauerhafte Aufenthaltserlaubnis gewährt. Auch während der Corona-Pandemie bin ich in China geblieben. Der nächste Schritt, den ich vielleicht eines Tages erwägen werde, ist die Beantragung der chinesischen Staatsbürgerschaft.

Eine politische Agenda?

Der Leser mag sich fragen, ob ich eine politische Agenda verfolge. Ich bin vielleicht kein Mitglied der Kommunistischen Partei, aber ich bin dennoch ein Diener des chinesischen Staates. Folgt daraus, dass ich diesen Staat nicht kritisieren werde oder dass ich ein Apologet des politischen Systems geworden bin? Lassen Sie mich darauf antworten: Ich habe eine Agenda und ich sollte offen über meine normativen Überzeugungen sprechen. Ich mache mir Sorgen über die zunehmende Dämonisierung Chinas, insbesondere seines politischen Systems. In westlichen Ländern basieren viele Vorstellungen und politische Entscheidungen auf groben Stereotypen über Chinas politisches System, wie die Auffassung, die KPCh kontrolliere den intellektuellen Diskurs vollständig und lasse keinen Raum für unabhängiges Denken. Die Realität ist weit komplexer, wie ich hoffe zeigen zu können.

Gleichzeitig will ich keinesfalls leugnen, dass die internationale Wahrnehmung mit besorgniserregenden Entwicklungen der chinesischen Politik in den letzten Jahrzehnten zusammenhängt. Die KPCh ist repressiver im Inland und aggressiver gegenüber dem Ausland geworden. Die Abschaffung der Amtszeitbeschränkungen für Chinas obersten Führer weckt die Sorge vor der Rückkehr zu einer maoistischen Ein-Personen-Diktatur. Die verstärkte Zensur demoralisiert Akademiker, Journalisten und Künstler. Die Masseninhaftierung von Uiguren in Xinjiang stellt eine überzogene Reaktion auf reale Bedrohungen durch Terrorismus und religiösen Extremismus dar. Das Nationale Sicherheitsgesetz für Hongkong hat den Rechtsstaat und die Meinungsfreiheit in dem Gebiet schwer beschädigt, wenn nicht das gesamte Modell „ein Land, zwei Systeme". Chinas Weigerung, Russlands Invasion in der Ukraine zu verurteilen, verhöhnt geradezu die Achtung territorialer Grenzen und staatlicher Souveränität.

Rückblickend muss ich einräumen, dass ich zu naiv war in meiner Hoffnung, China würde sich zu einem humaneren politischen System entwickeln, geprägt von konfuzianischen Werten und größerer Toleranz gegenüber sozialer und politischer Pluralität. Vielleicht wird es eines Tages dazu kommen. Aber es sieht ganz so aus, als läge das in ferner Zukunft, genau wie die Anhänger des Konfuzianismus fünf Jahrhunderte warten mussten, um ihre politischen Ideale in der Han-Dynastie zumindest teilweise verwirklicht zu sehen. Es sei nicht vergessen, dass neben konfuzianischen Traditionen auch der Legalismus eine tief verankerte Strömung im politischen Denken Chinas darstellt. In seiner modernen leninistischen Verkörperung versucht er, mittels Angst und harter Bestrafungen alle Bereiche der Gesellschaft auf totalitäre Weise zu kontrollieren, besonders in Zeiten sozialer Krise.

Trotzdem meine ich, dass der Dämonisierung der KPCh entgegengewirkt werden muss. Zum einen verstärkt sie jene repressiven Tendenzen, die sie kritisiert, und kommt damit eher den Hardlinern in der Partei zugute.[20] Chinas Führung ist nicht bereit, ernsthafte politische Risiken einzugehen und demokratische Experimente zu erwägen, wenn sie das gesamte politische Establishment des mächtigsten Landes der Welt im Kampf gegen sie vereint sieht.[21] Chinesische Führer mögen paranoid sein, aber ihre Paranoia ist nicht unbegründet.[22] So sind beide Seiten in einem politischen Teufelskreis gefangen, in dem die

Vereinigten Staaten und ihre westlichen Verbündeten gegenüber China zunehmend feindselig auftreten und China wiederum mit Abschottung und der Unterdrückung abweichender Stimmen reagiert.

Zugleich stellt sich die Frage, ob die besorgniserregenden Entwicklungen in China wirklich eine Bedrohung für den Westen darstellen. China hat weder die Absicht noch die Fähigkeit, sein politisches Modell ins Ausland zu exportieren. Wie also könnte China eine größere existenzielle Gefahr für die Vereinigten Staaten darstellen als einst die Sowjetunion, die den USA mit nuklearer Vernichtung drohte? China hat seit 1979 keinen Krieg geführt, und selbst die aggressivsten Stimmen im chinesischen Militär rufen nicht zum Krieg auf.[23] Die Vorstellung, China wolle in seiner Nachbarschaft einen Krieg gegen die USA provozieren, scheint mir abwegig. Umgekehrt ist China von US-Militärbasen umgeben, was als reale Bedrohung wahrgenommen wird.[24] Dennoch nutzt das Pentagon die „China-Gefahr" als Vorwand für gigantische Verteidigungsbudgets, selbst jetzt, da die Kriege im Irak und in Afghanistan beendet sind.[25]

Es lohnt sich auch zu fragen, warum die KPCh im eigenen Land so viel Unterstützung erfährt, wenn sie doch so „böse" ist, wie oft behauptet wird.[26] Zyniker werden sagen, dass die chinesische Bevölkerung von Medienpropaganda und einem staatlich kontrollierten Bildungssystem, das kritisches Denken unterdrücke, gehirngewaschen sei. Aber das kann nicht die ganze Geschichte sein. Viele Intellektuelle in China vertreten ähnliche regierungsfreundliche Positionen, obwohl sie Zugang zu alternativen Standpunkten haben, ganz zu schweigen von den Hunderttausenden chinesischen Studierenden in den USA und den 130 Millionen chinesischen Touristen, die vor der Pandemie jährlich ins Ausland gereist sind.

Der Hauptgrund für die innenpolitische Unterstützung liegt in der Erfolgsgeschichte des Landes. Die KPCh hat das spektakulärste Wirtschaftswachstum vorzuweisen, das die Welt je gesehen hat; mehr als 800 Millionen Menschen wurden aus der Armut geholt. Bildung, Hochschulbildung und Lebenserwartung sind unter der KPCh deutlich gestiegen. Dies ist eine außergewöhnliche Leistung. Neuere Entwicklungen haben die wachsende Zustimmung für das politische System weiter gestärkt. Die Anti-Korruptionskampagne, so unvollkommen sie sein mag, hat sich als enorm populär erwiesen, weil sie sich gegen Bestechung und Privilegien der öffentlichen Beamten richtet. Nach dem anfänglichen Debakel in Wuhan hat die Zentralregierung Covid weitgehend unter Kontrolle gebracht. Die Menschen in China lebten zwei Jahre relativ frei und mit weniger Einschränkungen als im Rest der Welt.[27] Auch Maßnahmen gegen die Umweltverschmutzung, die Peking und anderen Städten wieder einen blauen Himmel beschert haben, tragen zur Zufriedenheit der Menschen bei. Natürlich gibt es zahllose Probleme, und vieles könnte sich in Zukunft auch wieder verschlechtern. Aber nur ein ausgewogeneres Bild der KPCh vermag der Dämonisierung von Chinas politischem System entgegenzuwirken.

Es gilt auch zu verstehen, dass die 96 Millionen Mitglieder der KPCh nicht nur aus Funktionären in Peking bestehen. Es sind Bauern, Arbeiter, Unternehmer und Intellektuelle, die nichts mit der hohen Politik zu tun haben. Wie in jeder großen Organisation gibt es auch in der KPCh gute, schlechte und durchschnittliche Mitglieder. Nach meiner Erfahrung sind die meisten von ihnen engagiert, talentiert und aufrichtig daran interessiert, das Leben der Bürger zu verbessern. Viele meiner engsten Freunde sind Mitglieder der KPCh. Als Dekan an einer großen chinesischen Universität ist mir bekannt, dass auch die meisten der leitenden Wissenschaftler und Verwaltungskräfte

KPCh-Mitglieder sind, die hart für das Wohl unserer Studierenden und Lehrenden arbeiten. „Böse" wäre das letzte Wort, das ich zu ihrer Beschreibung verwenden würde.

Also ja, ich habe eine politische Agenda. Ich möchte Chinas politisches System entdämonisieren. Ich hoffe, dass die Leserinnen und Leser bereit sind, zumindest vorübergehend ihre Urteile und Vorurteile über „die" Kommunistische Partei Chinas beiseitezulegen. Aus meiner Perspektive als Universitätsbeamter an der Universität – einem System, in dem die meisten Führungskräfte Parteimitglieder sind, sehe ich eine verwirrend komplexe Organisation, deren Mitglieder extrem hart arbeiten und die aus vielfältigen Motiven unermüdlich darum bemüht sind, in Notlagen zu helfen und, wenn die Zeit es erlaubt, für das langfristige Wohl der Menschen zu sorgen.

In diesem Buch verankere ich meine Erfahrung in einem weiteren politischen Kontext und versuche, daraus Schlussfolgerungen für das System als Ganzes abzuleiten. Zugegeben, meine Stichprobengröße ist klein und universitätsbasiert, aber sie beruht auf langjähriger Anschauung. Ich versuche, eine Welt zu beleuchten, die so bedeutend wie schwer zu verstehen ist. Ich bemühe mich um Ehrlichkeit. Ich schreibe über das, was funktioniert – und was nicht. Ich teile meine Erfahrung auf offene, ja schonungslose Weise, mit sanfter Kritik an anderen und heftiger Kritik an mir selbst. Die vorliegenden Geschichten wollen Chinas politisches System vermenschlichen und zeigen, wie dieses auf lokaler Ebene erlebt wird, mit allen Fehlern und Widersprüchen.[28] Ich bin Kritiker der KPCh, aber ich sehe auch positive Ansätze, auf denen man aufbauen kann. Ich bin nicht dafür, das ganze System zu stürzen.

Eine Anmerkung zur Form

Dieses Buch stützt sich auf meine persönlichen Erfahrungen, um Einblicke in das universitäre und das politische

System Chinas zu geben. Aber warum dabei die häufigen Bekenntnisse von Fehlern? Meine akademische Erklärung ist, dass ich versucht habe, Bücher in jeweils unterschiedlicher Form zu schreiben – meine ersten beiden Bücher waren in Dialogform verfasst, dann folgten konventionelle akademische Bücher, ein Band mit kurzen Essays, ein weiteres Buch (mit Avner de-Shalit), das persönliche Erlebnisse mit theoretischen Überlegungen zu verschiedenen Städten verbindet, und schließlich weitere Werke in klassisch-akademischem Stil (darunter eines, das ich zusammen mit Wang Pei verfasst habe). Ich brauchte eine neue intellektuelle Herausforderung. Die Wahrheit ist: Die Motive beruhen auf einer Mischung aus jüdischer Schuld, katholischer Sünde und konfuzianischer Scham, und es bräuchte vermutlich Jahre der Therapie, um dieses Knäuel zu entwirren.

Wichtig ist jedoch, zwischen zwei Arten von Bekenntnisliteratur zu unterscheiden. Die erste Art offenbart Fehler aus der Perspektive einer neu entdeckten moralischen Wahrheit. Augustinus' *Bekenntnisse* sind in diesem Sinne geschrieben (er fand zu Gott), ebenso *Ich war Kaiser von China*, die Autobiographie von Chinas letztem Kaiser, Pu Yi (er fand den Kommunismus).[29] Die zweite Art bekennt Fehler nicht im Namen einer höheren Wahrheit, sondern um der Wahrheit – der Wahrhaftigkeit – selbst willen. Sie erzählt keine Geschichte des moralischen Fortschritts, sondern womöglich eine des Rückschritts. Rousseaus *Bekenntnisse*, die etwa ein Bedauern darüber ausdrücken, dass ein einfacheres, weniger anspruchsvolles Leben vielleicht zu weniger Fehltritten geführt hätte, sind das erste und wohl bis heute beste Buch dieses Genres. Mein Buch gehört zu dieser zweiten Kategorie. Ich versuche, Rousseaus selbstironischem Ton zu folgen, allerdings ohne sein Selbstmitleid. Im Unterschied zu Rousseau ist mein Buch jedoch *kein* Memoirenwerk: Die Wahrheit, die ich suche, gilt nicht mir selbst, sondern dem Verständnis Chinas. Ich greife auf persönliche Erfahrungen nur dann zurück, wenn sie helfen, das soziale und politische Leben im heutigen China zu beleuchten, mit all seinen Widersprüchen, seiner Vielfalt und seinem Charme. Meine bekenntnishafte Offenheit soll kein Verständnis für mich erzeugen, sondern für die Menschen, denen ich auf meinen Umwegen begegnet bin.

Gliederung des Buches

Es empfiehlt sich, dieses schmale Buch in chronologischer Reihenfolge zu lesen – es lässt sich in einem Zug durchlesen. Es ist mit leichter Hand geschrieben, soll aber auch intellektuell anregend sein. Für besonders beschäftigte Leserinnen und Leser bietet die folgende Übersicht eine Hilfe, gezielt die Kapitel auszuwählen, die am meisten interessieren.

1. Farbstoff und Dynamik. Ich zeige, warum die Farbe der Haare für öffentliche Beamte im chinesischen politischen System so eine große Rolle spielt, von den obersten Parteiführern in Peking bis zu Universitätsverwaltern in abgelegenen Provinzen. Es klingt albern, aber das ist es nicht.
2. Der Harmonie-Sekretär. Ich diskutiere die Rolle des Parteisekretärs im Universitätssystem. Obwohl ich nicht alles gutheiße, was er als ideologischer Aufpasser tut, bewundere ich seine Fähigkeit, soziale Harmonie an der Universität zu erhalten und zu fördern.
3. Über kollektive Führung. Ich betrachte die Vor- und Nachteile kollektiver Führung in der zeitgenössischen chinesischen Politik und zeige, wie wir an der Shandong-Universität ähnliche Mechanismen auf Fakultätsebene anwenden.

4. Was ist falsch an Korruption? Ich berichte von meinen Erfahrungen während der Anfangszeit von Chinas bislang systematischster Anti-Korruptionskampagne. Kontraintuitiv vielleicht, äußere ich die Hoffnung auf etwas mehr Toleranz gegenüber potenziell korruptem Verhalten.

5. Trinken ohne Grenzen. Ich diskutiere die Trinkkultur von Shandong und ihren Einfluss auf meine Arbeit als Dekan. Gemeinsame Mahlzeiten mit Lehrern und Studenten sind fast immer von endlosen Trinksprüchen begleitet, und doch fahren nur wenige Menschen betrunken Auto. Basierend auf einer eigenen unglücklichen Erfahrung versuche ich zu erklären, warum.

6. Konfuzianismus in China lehren. Ich beschreibe die Herausforderungen, in China Konfuzianismus zu lehren – auf Englisch für internationale, auf Chinesisch für chinesische Studierende. Dies erfordert unterschiedliche Strategien jenseits des bloßen Bücherstudiums.

7. Das kommunistische Comeback. Im Jahr 2008 erklärte ich, der Marxismus in China sei tot. Zu meiner Überraschung erlebte er ein dramatisches Comeback. Ich beschreibe seine Auswirkungen auf den Universitätsalltag. Ich argumentiere, dass Chinas politische Zukunft sowohl vom Konfuzianismus als auch vom Kommunismus geprägt sein werde.

8. Zensur, formell und informell. Ich schildere meine Erfahrungen mit der Zensur in China. Wenig überraschend beschränkt die staatliche Kontrolle, was veröffentlicht werden kann. Doch ich versuche auch zu zeigen, wie informelle Einschränkungen die Diskussion über chinesische Politik in den westlichen Mainstream-Medien beeinflussen.

9. Akademische Meritokratie, chinesischer Stil. Trotz verschärfter Zensur und politischer Restriktionen herrscht ein intensiver Wettbewerb unter chinesischen Universitäten, sich akademisch zu verbessern. Ich zeige, wie unsere Fakultät dafür mobilisiert wurde – mit einigen unbeabsichtigten Folgen, wie zum Beispiel der Benachteiligung chinesischer Wissenschaftlerinnen und Wissenschaftler, die weniger gut auf Englisch als auf Chinesisch schreiben.

10. Eine Kritik der Niedlichkeit. Ich diskutiere die politische Relevanz der chinesischen Kultur der „Niedlichkeit". „Sich niedlich zu geben" kann politisch katastrophale Folgen haben. Es erklärt zum Teil meine eigenen Misserfolge als universitärer Beamter.

11. Ein Plädoyer für symbolische Führung. Gestützt auf meine Erfahrungen als symbolischer Leiter gegen Ende meiner Amtszeit als Dekan argumentiere ich, dass die symbolische Monarchie auch für moderne Gesellschaften unter bestimmten Voraussetzungen eine angemessene Form der Führung sein kann.

Inhaltsverzeichnis

1

Farbstoff und Dynamik

Der ehemalige Präsident Hu Jintao gilt als einer der wohl langweiligsten Führer der jüngsten Vergangenheit. Sein einziger überlieferter Witz fiel, als er 2007 die USA besuchte. Als der damalige Gouverneur von New Jersey, James McGreevey, bemerkte, dass Hu – dessen Haar pechschwarz war – nicht wie neunundfünfzig aussehe, erwiderte dieser trocken: „China wäre gerne bereit, seine Technologie in diesem Bereich zu teilen."[30] Die Verwendung von Haarfärbemitteln hat unter chinesischem Führungspersonal eine lange Tradition. Warum färben sie sich die Haare? Die Antwort hat weniger mit kommunistischer Ideologie als mit Symbolik zu tun. Und diese reicht weit in die chinesische Geschichte zurück. Bereits in der Östlichen Jin-Dynastie (317–420) zeichnete der Mediziner Ge Hong ein geheimes Rezept zur Schwarzfärbung der Haare am Kaiserhof auf.[31] Auch heute noch ist das Färben aufwendig: Ein professioneller Friseur schätzt, dass chinesische Politiker etwa alle zehn Tage ihre Haare

D. A. Bell, *Der Dekan von Shandong,*
https://doi.org/10.1007/978-3-658-50582-0_1

nachfärben müssen, um den pechschwarzen Look zu erhalten.[32]

Doch warum diese Mühe? Die Antwort ist einfach: Herrscher mit schwarzem Haar vermitteln ein Bild von Vitalität und Tatkraft: Eigenschaften, die ein Führer im Dienst des Volkes verkörpern sollte. „Weißhaarige Menschen" hingegen, so formulierte bereits Mencius im 4. Jahrhundert v. Chr., sollten nicht mehr hart arbeiten, sondern gepflegt werden (IA.7). In diesem Kontext wäre es befremdlich, von „weißhaarigen Menschen" regiert zu werden. Wie der Friseur Hong Haiting es ausdrückte: „Ich möchte meinen Führer nicht mit grauen Haaren sehen. Es ließe ihn alt erscheinen … als wäre er kurz davor zu sterben! Wie könnte eine solche Person unser Land führen? Das ist keine Frage des Stils, sondern der Politik."[33] Weißes Haar ist somit ein visuelles Zeichen des politischen Rückzugs, ob freiwillig oder erzwungen. Zhou Yongkang, einst Mitglied des Politbüros und ranghöchstes Opfer von Präsident Xis Anti-Korruptionskampagne, wurde vor Gericht öffentlich nicht mehr mit pechschwarzem Haar, sondern vollständig ergraut gezeigt. Zhu Rongji, ehemaliger Premierminister, trägt im Ruhestand sein natürliches weißes Haar.[34] Der einstige Präsident Jiang Zemin hingegen, obwohl schon in seinen Neunzigern, färbt sein Haar für öffentliche Auftritte weiterhin, als Zeichen dafür, dass er hinter den Kulissen noch immer Einfluss ausübt.

Natürlich spielen auch zeitgenössische Faktoren eine Rolle. Das kollektive Führungssystem, das nach der schrecklichen Erfahrung mit Maos willkürlicher Ein-Mann-Herrschaft während der Kulturrevolution eingeführt wurde, unterstreicht die Gleichrangigkeit der einzelnen Akteure. Die Politikgestaltung sollte das Ergebnis kollektiver Beratungen unter den Mitgliedern im Ständigen Ausschuss des Politbüros sein. Kein einzelner Führer sollte zu sehr hervortreten. Hu Jintao war ein Meister dieser

Linie. Sein pechschwarzes Haar unterschied sich nicht von dem anderer Führer, die ihr Haar auf identische Weise färbten – eine sichtbare Botschaft dafür, unter den anderen acht Mitgliedern des Ständigen Ausschusses tatsächlich ein Gleichgestellter zu sein.

Das kollektive Führungssystem unter Präsident Hu hatte jedoch einen entscheidenden Nachteil. Jeder Top-Funktionär war ein Gleichgestellter, verantwortlich für einen Politikbereich, und jeder besaß *de facto* ein Vetorecht in Bezug auf Entscheidungen, die seine Interessensphäre betrafen. So war es nahezu unmöglich, gegen eingefahrene Strukturen vorzugehen, notwendige Reformen wurden blockiert.[35] Die Korruptionsbekämpfung etwa bedeutete, sich viele Feinde zu schaffen, und weder Präsident Hu noch andere Mitglieder des Ständigen Ausschusses des Politbüros hatten die Macht oder den Mut dazu.

2012 betrat Präsident Xi Jimping die politische Bühne. Der Ständige Ausschuss wurde von neun auf sieben Mitglieder reduziert. Xi übernahm die Leitung neu gegründeter Führungsgremien für Reformen. Sechs Jahre später beschloss der Nationale Volkskongress mit einer Verfassungsänderung, die Amtszeitbeschränkungen des Präsidenten abzuschaffen – eine Maßnahme, die es Präsident Xi erlaubte, über die zwei fünfjährigen Amtszeiten hinaus zu regieren, woran die Präsidenten Jiang und Hu gebunden waren.

Xi trat – so der Politikwissenschaftler Wang Shaoguang – als Erster unter Gleichen hervor. Positiv gesehen verschaffte ihm dies die Autorität, festgefahrene Interessen anzugehen: Xi führte die umfangreichste und nachhaltigste Anti-Korruptionskampagne in der Geschichte der KPCh durch und trat wirtschaftlichen Machtgruppen entgegen, die Umweltmaßnahmen und Umverteilung blockierten. Dem stehen die negativen Effekte einer solchen Machtkonzentration gegenüber. Die Kontrollen bei Fehlentscheidungsfindungen entfallen, die Einschränkungen der Meinungsfreiheit nehmen zu, und das Fehlen eines designierten Nachfolgers wirft Fragen zur langfristigen Stabilität des politischen Systems auf.

2019 brach Präsident Xi mit einer weiteren politischen Norm und ihrer Symbolik: Er zeigte sich in der Öffentlichkeit mit grauen Strähnen.[36] In den chinesischen Staatsmedien blieb das Thema tabu, doch westliche Medien spekulierten, dies sei ein bewusster Akt der Distinktion, ein Zeichen seines überlegenen Status gegenüber den anderen Mitgliedern des Ständigen Ausschusses. Hung Huang, eine prominente Medienpersönlichkeit, die in den 1960er und 1970er Jahren unter Pekings politischen Eliten aufwuchs, kommentierte: Politische Führer färbten traditionell ihr Haar schwarz, um Konformität mit einem vorgegebenen Stil als Ausdruck von Einheit und Einigkeit zu zeigen. „Xi – der heute klar über allen anderen steht – braucht das nicht mehr."[37] Spiegelt Präsident Xis natürlicheres Erscheinungsbild das Ende der kollektiven Führung?[38] Es ist zu früh, um das zu sagen. Doch eines scheint sicher: Selbst wenn Xi, ähnlich wie Putin, jahrzehntelang mit nahezu unkontrollierter Macht regieren sollte – ganz weiß wird er sein Haar wohl nie werden lassen. Der Glaube, dass weißhaarige Menschen nicht regieren sollen, ist vielleicht der einzige ungeschriebene Artikel in Chinas Verfassung, der nicht gebrochen werden kann.

Politische Normen auf den höchsten Ebenen der Hierarchie wirken oft bis in die unteren Ebenen der Bürokratie hinein. Ich selbst bin Dekan einer großen Fakultät an der Shandong-Universität – mit mehr als tausend Studenten und achtzig Professoren – und unsere Entscheidungen müssen durch ein Leitungsgremium, bestehend aus vier Vizedekanen und drei Parteisekretären, genehmigt werden – ein System, das wir halb scherzhaft als kollektive Führung bezeichnen. Jeder Leitende ist für einen eigenen

Bereich verantwortlich, Entscheidungen werden in zweiwöchentlichen Sitzungen gemeinsam besprochen und erst nach ausführlicher Beratung getroffen.[39] Wir bringen alle unsere Notizbücher mit und protokollieren gewissenhaft, besonders wenn die Leitungspersonen sprechen.[40] Auch unsere Kleidung ist standardisiert: weder zu formell noch zu lässig – sie soll Engagement und Nahbarkeit signalisieren. Und natürlich unterliegen wir auch der Norm des schwarzen Haares. Wer graue Haare hat, färbt schwarz, um Vitalität und Einsatz für die Universität zu demonstrieren. In meinem Fall färbe ich nicht schwarz, sondern braun, eine Farbe, die bei meiner hellen Haut natürlicher aussieht.

Es sind die Haare, Dummkopf

Ich gestehe jedoch, dass mein Haarefärben frühere Wurzeln hat. Alles begann, als ich neununddreißig Jahre alt war, in Hongkong lebte und an der City University of Hong Kong unterrichtete. Mein Universitätspräsident stellte mich Besuchern regelmäßig als jemand „in den Vierzigern" vor. Mein Badmintonpartner – ein bemerkenswert fitter Doktorand – sagte, ich sehe aus wie ein angesehener Professor. Ich verstand das als Code für „alter Professor", ein Gedanke, der durch mein rasch ergrauendes Haar genährt wurde (oder vielleicht wollte er mir höflich mitteilen, dass ich Platz für einen Nachfolger auf dem Badmintonplatz machen sollte). Ich war nicht allzu erfreut, aber ich erkannte, dass ich der Realität ins Auge schauen musste: Ich sah älter aus, als ich war. Mein Vater und mein Großvater hatten beide in ihren Dreißigern graues Haar bekommen, und ich setzte die Familientradition fort.

Meine chinesische Schwiegermutter jedoch hatte andere Vorstellungen. Sie lebte seit etwa zehn Jahren bei uns, und ich liebte sie (und liebe sie immer noch) sehr. Meine chinesischen Freunde lobten mein Engagement für sie in edler Gutgläubigkeit, aber in Wahrheit war sie es, die sich um uns kümmerte. Sie half hingebungsvoll, als unser Sohn Julien geboren wurde. Sie kochte und putzte, ohne jemals zu klagen. Sie hatte im Koreakrieg gedient – wo sie ihren Mann, einen Kameraden der Volksbefreiungsarmee, kennengelernt und geheiratet hatte – und war Entbehrungen gewohnt. Doch sie war keine blinde Anhängerin der Partei. Sie erinnerte sich, dass einige Grundbesitzer, die Anfang der 1950er Jahre hingerichtet worden waren, gute Menschen gewesen seien, die sich verantwortlich um ihre Angestellten gekümmert hatten. Sie hatte einen scharfen Sinn für Humor; manchmal lächelten wir uns an, wenn ihr todernster Ehemann blind die Parteilinie verteidigte. Im Gegensatz zum westlichen Stereotyp der Schwiegermutter versuchte sie nie, mir ihre Maßstäbe aufzuzwingen oder mir Schuldgefühle einzureden, weil ich diesen nicht entsprach. Es war ihr bewusst, dass ich aus einer anderen Kultur kam, und sie tolerierte Unterschiede im Lebensstil innerhalb der Familie. Mit einer Ausnahme: Sie konnte mein weißes Haar nicht ertragen.

Ich war der erste Ausländer, den sie aus der Nähe gesehen hatte und sie meinte, ich verkörpere das Ideal westlicher Schönheit (sie kritisierte Hollywood-Filmstars dafür, dass sie von dem Standard abwichen, den ich gesetzt hatte; ich gestehe, dass ich nie versucht habe, sie zu korrigieren). Entsprechend enttäuscht war sie, als meine Haare begannen zu ergrauen, und sie drängte mich, sie zu färben. Ich erklärte ihr, dass männliche Akademiker so etwas nicht täten, aber das war ihr egal. „Selbst während der Kulturrevolution", sagte sie, „haben wir – Männer und Frauen – unsere Haare gefärbt!"[41]

Nach zwei oder drei Jahren ihres sanften, aber beständigen Drängens gab ich schließlich nach. Ich hatte für 2003/2004 ein einjähriges Stipendium am Stanford's

Center for Advanced Study in the Behavioral Sciences erhalten. Ich dachte, dies sei eine gute Gelegenheit, mit einem neuen Look zu starten – fern von Kollegen und Studierenden, die mich so kannten, wie ich war. Unter der Aufsicht meiner Schwiegermutter färbte unsere philippinische Haushaltshilfe meine Haare braun – am Tag vor meiner Abreise nach Kalifornien. Ich machte mir Sorgen um die Reaktion des Pförtners, also verließ ich unser Universitätshaus mit Baseballkappe. Im Flugzeug, gestärkt durch ein paar Drinks, konnte ich endlich entspannen. Ich betrachtete mich im Spiegel der Flugzeugtoilette und muss gestehen, dass ich mit dem Ergebnis zufrieden war. Ich war verwandelt in einen jüngeren Mann – und niemand würde es wissen![42]

Natürlich ließ der Verfallsprozess nicht lange auf sich warten. Ein paar Wochen später begannen sich an Schläfen und Koteletten wieder graue Strähnen zu zeigen, und das schlug sich auf meine Stimmung nieder. Meine Familie war in Hongkong geblieben, also flog ich für eine kurze Pause zurück. Meine Schwiegermutter war nicht glücklich mit dem, was sie sah. Also vollzogen wir eine weitere Haarfärbung, diesmal mit einem helleren Braunton. Ich wagte mich sogar zurück zu meiner Universität und eine jüngere Kollegin, die zuvor kein Interesse an mir gezeigt hatte, sagte, ich sähe „dünner" aus. Ich nahm das als Code für „attraktiver".

Zurück in Palo Alto dachte ich, meine Kollegen würden die Veränderung kaum bemerken. Doch Elaine Scarry – Autorin von *On Beauty and Being Just* – sagte, sie möge meine neue Haarfarbe. Scarrys Buch – vielleicht das schönste Werk der zeitgenössischen anglophonen politischen Theorie – argumentiert, dass die Frage der Schönheit eine Frage der Gerechtigkeit impliziere.[43] Also verstand ich ihr Kompliment als eine Art moralische Aussage. Und je mehr ich darüber nachdachte, desto ungerechter schien es mir, dass es für Frauen gesellschaftlich akzeptiert war, die Haare zu färben, für Männer aber nicht. Sicherlich war dies ein Erbe patriarchaler Zeiten, in denen Frauen vor allem als Objekte männlicher Begierde angesehen wurden. Wenn Männer ihre Haare färben, untergräbt dies die überlieferten patriarchalen Normen. Doch auch wir Männer sollten nach unserem Aussehen beurteilt werden, nicht nur Frauen! Der Tag, an dem Männer als ebenso eitel gelten wie Frauen, wird das Stereotyp der männlichen Rationalität aufbrechen – was zur Gleichstellung beider Geschlechter auch in anderen Bereichen des sozialen Lebens beitragen würde.[44]

Ich behielt dieses feministische Argument zum Färben von Männerhaar für mich, aber ich halte es immer noch für kein schlechtes. Einige Wochen später holte mich die Realität wieder ein. Dieses Mal ging ich zu einem Friseur in San Jose (etwa zwanzig Meilen von Palo Alto entfernt), um sicherzugehen, dass ich niemandem begegnete, den ich kannte. Der Friseur fragte, ob ich Politiker sei (vielleicht erinnerte er sich an Ronald Reagans Haarfarbe). Ich antwortete: „Noch nicht, aber vielleicht später."

Als mein Stipendium in Stanford endete, zog unsere Familie nach Peking, um dort ein neues Leben zu beginnen. Ich war erleichtert festzustellen, dass so viele Männer in Festlandchina – Akademiker eingeschlossen – ihre Haare färbten.[45] Zum ersten Mal seit Langem fühlte ich mich zu Hause.

Ein anderes Leben?

Jean-Jacques Rousseau beginnt seine *Bekenntnisse* mit dem berühmten Satz: „Ich habe ein Unternehmen begonnen, das ohne Beispiel ist und dessen Ausführung keinen Nachahmer haben wird. Ich will meinen Mitmenschen ein Bild von mir geben, so wahr, wie es die Natur geschaffen hat; und dieser Mensch, das bin ich."[46] Mehr als 250 Jahre später bleiben Rousseaus *Bekenntnisse* das herausragendste und originellste Werk seines Genres. Doch es ist ein Buch, das sein Autor – so scheint es – lieber nicht geschrieben hätte. Es ist eine schmerzhafte Lektüre, bestehend aus unerbittlicher Selbstgeißelung und Groll gegen tatsächliche und eingebildete Feinde, die ihn ausnutzten und sein Leben erschwerten. Am Ende von Buch 1 schreibt er, dass er ein anderes, viel glücklicheres Leben als guter Handwerker hätte führen können. Es lohnt sich, die Passage ausführlich zu zitieren:

„Bevor ich mich meinem verhängnisvollen Lose ergab, ließ ich einen Blick auf die Laufbahn werfen, die ich hätte einschlagen können, wenn ich in die Hände eines bessern Meisters gefallen wäre. Nichts entsprach mehr meinem Charakter, nichts war geeigneter, mich glücklich zu machen, als das stille und unscheinbare Leben eines guten Handwerkers, besonders in einem edlen Gewerbe wie dem eines Kupferstechers in Genf. Diese Arbeit, lohnend genug, um mit der Zeit zu Wohlstand zu führen, würde meine Ehrgeizgrenzen bestimmt und mir ehrliche Muße gelassen haben, um einfache Neigungen zu pflegen. Sie hätte mich in meiner Sphäre erhalten, ohne mir Gelegenheit zu geben, daraus zu entfliehen.

Ich hätte in Frieden und Ruhe leben können, im Schoß meines Glaubens, in meinem Vaterland, unter meiner Familie und meinen Freunden. Das war das Leben, das meiner Natur gemäß war: gleichmäßig in der Ausübung eines selbstgewählten Handwerks, in Gesellschaft, die mir zusagte. Ich wäre ein guter Christ, ein guter Bürger, ein guter Vater, ein guter Freund, ein guter Arbeiter, ein guter Mensch in jeder Hinsicht geworden. Ich wäre in meiner Lage glücklich gewesen und hätte mir vielleicht Achtung erworben. Dann, nach einem einfachen, stillen, aber milden und heitern Leben, wäre ich ruhig im Schoß meiner Familie gestorben. Man hätte mich bald vergessen, gewiß;

doch man hätte mich so lange betrauert, wie man meiner gedachte.

Aber statt dessen ... welch ein Bild muß ich entwerfen! Doch ich will dem Elend meines Lebens nicht vorgreifen; meine Leser werden nur zu bald und zu oft davon hören".[47]

Selbst war ich nie sehr geschickt mit meinen Händen, hätte also kein guter Handwerker sein können. Aber ich teile Rousseaus Bedauern. Ich hätte ein seltsamer Akademiker mit einem zufriedenen Familienleben bleiben können. Ich hätte gut zu meiner Familie, gut zu meinen Studenten und gut zu meinen Kollegen sein können. Stattdessen färbte ich meine Haare, was mich für die Damen attraktiver machte und meinen Wunsch nach einer politischen Rolle in China nährte. Hätte ich mich mit einem (nicht allzu vollen) Schopf grauer Haare zufrieden gegeben, hätte ich es nicht so lange in China ausgehalten. Ich hätte keine Affären gehabt, die zum Ende meiner Ehe führten. Man hätte mir nicht die Stelle eines Universitätsbeamten in der Provinz Shandong angeboten. Ich hätte nicht meine Illusionen über die Politik verloren. Und ich hätte nicht dieses Buch geschrieben.

2

Der Harmonie-Sekretär

Wenn ich in China auf Beamte treffe, werde ich oft gefragt: Warum ist unser Image im Westen so schlecht? Sie sagen: Natürlich haben wir viele Probleme. Wir sind immer noch ein relativ armes Land. Unser Pro-Kopf-BIP ist vergleichsweise niedrig, die Kluft zwischen Arm und Reich ist groß, die Umweltverschmutzung gravierend, Korruption bleibt ein Thema, und jeder weiß um die Unruhen in Hongkong und Xinjiang. Vielleicht haben wir manchmal überreagiert und lokale Beamte missbrauchen oft ihre Macht. Aber wir haben auch Fortschritte gemacht, insbesondere bei der Armutsbekämpfung und im Kampf gegen die Korruption. Nach dem anfänglichen Debakel in Wuhan (und zuvor in Shanghai) haben wir Covid recht gut bewältigt. Im Unterschied zu anderen großen Staaten sind wir seit 1979 in keinen Krieg mehr gezogen. Wir wissen, dass wir Frieden brauchen, um uns zu einer humaneren Gesellschaft zu entwickeln. Warum kann der Westen nicht beide Seiten der Geschichte sehen? Wie können wir

© Der/die Autor(en), exklusiv lizenziert an Springer Fachmedien Wiesbaden GmbH, ein Teil von Springer Nature 2026
D. A. Bell, *Der Dekan von Shandong,*
https://doi.org/10.1007/978-3-658-50582-0_2

eine existenzielle Bedrohung für ihn darstellen? Sie haben ihre eigene Geschichte, Kultur und ihr politisches System, und wir haben weder den Wunsch noch die Fähigkeit, ihre Lebensweise in Frage zu stellen. Warum können sie uns nicht einfach in Ruhe lassen, uns friedlich entwickeln lassen – und gemeinsam mit uns globale Herausforderungen wie Pandemien und Klimawandel angehen?

Wenn ich Zeit habe, versuche ich zu erklären, dass „wir" Chinesen besser darin werden müssen, die Kluft zwischen unseren Worten und unseren Taten, zu verringern. Wir sollten uns stärker auf humane Soft Power verlassen, statt auf Repression und Angst. Ich erkläre auch, dass der Westen einen ausgeprägten missionarischen Impuls hat, der bis in die frühesten Tage des Christentums zurückreicht, um die „Wahrheit" über Moral und Politik ins Ausland zu tragen. Heute hat ein demokratischer Fundamentalismus den religiösen Fundamentalismus ersetzt. Westler neigen dazu zu glauben, dass „gute" demokratische Länder Wahl-Demokratien sind – nach dem Prinzip „eine Person, eine Stimme". Alle anderen gelten als „autoritär" und somit als politische illegitim. Präsident Biden hat das zugespitzt formuliert: Es gibt zwei Arten von politischen Systemen: Demokratien mit Werten und Autokratien mit einem „Mangel an Werten."[48]

Solcher politische Dogmatismus ist ein relativ neues Phänomen, das sich nach dem Zweiten Weltkrieg ausgebreitet und durch die globale Macht der USA verstärkt hat. Im 19. Jahrhundert konnten Liberale wie John Stuart Mill noch offen den Wert des Wahlrechts (eine Person, eine Stimme) infrage stellen und Alternativen vorschlagen, etwa gebildeten Bürgern zusätzliche Stimmen zu geben. Heute gelten solche Ansichten als moralisch inakzeptabel. Die Wahl-Demokratie wird als das „Ende der Geschichte", das den normativen Standard auch für Chinas politische

Entwicklung setzt. Sobald China wirtschaftlich modernisiert sei, so die westliche Erwartung, sollte es zu einer liberalen Demokratie werden – wie Japan oder Südkorea. Doch diese Hoffnung haben viele inzwischen aufgegeben. Sie blicken auf die Tatsache, dass in China seit über 70 Jahren dieselbe Partei regiert, und schließen daraus, dass es keine politischen Reformen gegeben habe.

Wir in China wissen, wie falsch das ist. Unser System hier ist grundlegend verschieden von einem familiengeführten Personenkult wie in Nordkorea, von Militärdiktaturen wie in Myanmar oder Ägypten oder von absoluten Monarchien wie in Saudi-Arabien und Brunei. Der entscheidende Unterschied besteht darin, dass wir versuchen, ein komplexes bürokratisches System wiederherzustellen, das vom Ideal der politischen Meritokratie geprägt ist, also einem System, das öffentliche Ämter nach Kompetenz und Tugend besetzt. Es ist ein laufendes Projekt mit einer erheblichen Diskrepanz zwischen Ideal und Wirklichkeit, manchmal geht es zwei Schritte vor und einen Schritt zurück (oder auch umgekehrt), aber eben das macht unser politisches System einzigartig.

Leider sehen viele im Westen das nicht so. Für sie zählt allein die Übernahme der Wahl-Demokratie als „echte" politische Reform, alles andere gilt als Fassade. Schlimmer noch: Sollte Chinas Modell erfolgreich sein, seine Bürgerinnen und Bürger gut versorgen und andere Entwicklungsländer inspirieren können, dann fürchten westliche Beobachter gleich um die Bedeutung des demokratischen Modells, wenn nicht gar um seinen Zusammenbruch. Geht es im Westen um etwaige Alternativen zur Wahl-Demokratie, denken viele sofort an Faschismus (auch wenn Hitler durch Wahlen an die Macht kam) oder an Stalins Kommunismus. Sie halten Chinas System für grundsätzlich verwandt mit diesen totalitären Regimen und folgern daraus, dass es bekämpft werden müsse, notfalls mit Gewalt. Deshalb sprechen manche davon, dass China eine existenzielle Herausforderung für den Westen darstelle.

Oft fehlt mir der Raum für solche Erklärungen darüber, warum der Westen mit China Probleme hat. Dann beginne ich mit einem Übersetzungsproblem. Viele von Chinas Schlüsselbegriffen werden im Englischen falsch oder ungenau wiedergegeben, was zum Imageproblem beiträgt. Begriffe, die im Chinesischen positiv konnotiert sind, können auf Englisch negativ klingen, wenn sie nicht angemessen übersetzt werden. Ein besonders offensichtliches Beispiel ist das chinesische Zeichen *he* (和), das meist (fälschlich) mit Harmonie übersetzt wird. *He* ist ein zentrales Konzept in der konfuzianischen Ethik. Bei der Eröffnungszeremonie der Olympischen Spiele 2008 in Peking wurde es als Repräsentant des kulturellen Kerns Chinas hervorgehoben. Ich erinnere mich, dass ich die Zeremonie im amerikanischen Fernsehen sah und ein Kommentator über die Disziplin und Ordnung der Soldaten staunte, die sich in perfekter Harmonie und Einheit bewegten. Doch mir wurde klar, dass „Harmonie" im Englischen einen falschen Eindruck erzeugt, weil es nach Uniformität und Konformität klingt. Als sei eine „harmonische" Gesellschaft eine, in der alle gleich denken und handeln. Aber das ist fast das Gegenteil dessen, was mit *he* gemeint ist. Jeder chinesische Intellektuelle kennt das berühmte Sprichwort in den *Analects* des Konfuzius: „Der edle Mensch sucht Harmonie *(he),* nicht aber Gleichmacherei" (Gleichheit/Einheitlichkeit/Konformität) (君子和而不同 *junzi he er bu tong*).

Der Kontrast zwischen *he* und Konformität *(tong)* hat seinen Ursprung in der *Zuo Zhuan,* wo er im Kontext einer Diskussion darüber aufkommt, dass ein Herrscher offen für verschiedene politische Meinungen seiner Berater sein sollte. Zeitgenössische Sozialkritiker greifen oft auf diese Sentenz zurück, um die Regierung aufzufordern, unterschiedliche Ansichten zu tolerieren und nicht einfach eine dominante Staatsideologie für die gesamte Bevölkerung durchzusetzen. Das Unterdrücken kritischer Ansichten ist ein Rezept für Katastrophen. Mit anderen Worten: Die Idee von *he* schätzt, wenn nicht gar feiert, Vielfalt und Pluralismus. Respekt für Vielfalt sollte in einer friedlichen politischen Ordnung stattfinden, in der die verschiedenen Teile interagieren und sich durch gegenseitiges Lernen bereichern. Eine bessere Übersetzung von *he* könnte also „Vielfalt in Harmonie" sein. Zumindest aber ist es wichtig zu erklären, dass die chinesische Verwendung von „Harmonie" Vielfalt respektiert – im Gegensatz zur Betonung von Gleichheit. Die musikalische Idee der Harmonie, bei der verschiedene Klänge miteinander interagieren, um etwas Schöneres als die Summe der einzelnen Teile zu erzeugen, kommt der chinesischen Bedeutung von *he* näher.

Überraschenderweise untergraben gerade jene politischen Organe, die das Image der Regierung im In- und Ausland fördern sollen, oft selbst ihre eigenen Ziele durch Fehlübersetzungen. Betrachten Sie das *xuanchuanbu* (宣传部), das Publicity Department der KPCh. Dieses ist nicht nur für Zensur zuständig, sondern auch für chinesische Medienorgane im Ausland und etwa die Konfuzius-Institute, welche die chinesische Sprache und Kultur im Ausland vermitteln sollen. Als Wissenschaftler missfällt mir die Art der Zensur, mit der kontrolliert wird, was wir in China veröffentlichen. Es ist absurd, dass Vertreter der Partei, die die Feinheiten der wissenschaftlichen Argumentation nicht einmal verstehen, für das zuständig sind, was Wissenschaftler in der Öffentlichkeit sagen können. Gleichwohl erkenne ich an, dass das *xuanchuanbu* im Inland durchaus auch wertvolle Arbeit leistet, indem es die Politik der Regierung kommuniziert, wie zum Beispiel im Falle der Pandemiebekämpfung. Grundsätzlich ist nichts falsch daran, chinesisches Gedankengut im Ausland zu verbreiten, damit Ausländer besser verstehen und schätzen lernen, was in China geschieht. Doch das *xuanchuanbu* schwächt seine eigene Mission durch Fehlübersetzungen. Jahrelang war es offiziell als „Propaganda-Abteilung" bekannt, ein Begriff mit orwellschen Anklängen an eine totalitäre Regierung, die versucht, ihre Bevölkerung zu täuschen. Vor einigen Jahren änderte das *xuanchuanbu* seine offizielle englische Übersetzung in „Publicity Department", was keine wesentliche Verbesserung darstellt. Während es für private Unternehmen legitim ist, Werbung für Produkte zu machen, sollte eine Regierung neutraler auftreten. Warum also nicht neutrale Begriffe wie „Kommunikation" oder „Öffentlichkeitsarbeit" verwenden? Dies garantiert zwar nicht automatisch eine effektive Kommunikation der Regierungsbotschaften, eröffnet aber zumindest die Möglichkeit dazu.

Ein weiteres Beispiel ist die *tongyi zhanxian* (统一战线), offiziell übersetzt als „United Front" (Einheitsfront). Entgegen der landläufigen Meinung fördert die United Front nicht die bloße Einhaltung der offiziellen Ideologie, sondern bietet eine politische Plattform für nicht-kommunistische Parteien über Institutionen wie die Politische Konsultativkonferenz des chinesischen Volkes (CPPCC). Dort beraten nicht-kommunistische Parteien wie die Demokratische Liga ausführlich über Vorschläge zur gesellschaftlichen Verbesserung. Die United Front soll zudem die chinesische Kultur und Identität von Menschen mit chinesischem Erbe im In- und Ausland fördern: Sie sponsert zum Beispiel Besuche von Studenten aus Hongkong, damit diese die reiche und vielfältige chinesische Kultur der Provinz Shandong kennenlernen. An meiner Universität gibt es ein Doktorandenprogramm in United-Front-Arbeit, um Studierenden das politische System

Chinas (einschließlich der nicht-kommunistischen Elemente) näherzubringen und ihr Wissen über die chinesische Kultur zu vertiefen, damit sie die Bindung an die chinesische Kultur im In- und Ausland fördern können. Allerdings lernen unsere Studierenden nicht immer genug über die Kultur, die sie fördern sollen. Und die eingesetzten Mittel – lange, langweilige Vorlesungen – sind oft kontraproduktiv. Beamte der United Front haben mich um Rat gefragt. Ich sagte, der beste Weg, Interesse an der chinesischen Kultur zu wecken, besteht darin, die Studierenden über die „Hundert Schulen des Denkens" zu unterrichten, die in der „Frühlings- und Herbstzeit" sowie in der Kriegsstaatenperioden des alten China blühten. Viele dieser faszinierenden Debatten über Gesellschaft und Politik, etwa zwischen Konfuzianern und Mohisten oder Konfuzianern und Legalisten, fanden hier in der heutigen Provinz Shandong statt. Die Jixia-Akademie (稷下学宫) war ein Ort, an dem Mencius, Mozi, Xunz und andere Gelehrte Gespräche führten, die den Rahmen für politische Debatten in der späteren chinesischen Geschichte setzten. Warum nicht die Jixia-Akademie wieder aufbauen, zeitgenössische Gelehrte zu Debatten einladen und Studierende aus Hongkong und von anderswo daran teilnehmen lassen?[49] Sicher wäre das ein guter Weg, den Stolz auf die chinesische Kultur zu fördern. Meine Gesprächspartner von der United Front zeigten sich interessiert, doch umgesetzt wurde die Idee bisher nicht.

Doch mein Punkt betrifft die (Fehl-)Übersetzung. „United Front" ist eine wörtliche Übersetzung von *tongyi zhanxian*, vermittelt aber eine falsche Botschaft über die Aufgaben der Organisation. Der Begriff stammt aus Kriegszeiten – als die Kommunistische Partei Chinas eine Allianz mit der Kuomintang (KMT), der Nationalistischen Partei, gegen japanische Invasoren anstrebte – und ruft noch heute Bilder einer geheimen Mission zur Förderung des Kommunismus in einem tödlichen Kampf gegen äußere Feinde hervor. Kein Wunder, dass die Arbeit der United Front im Ausland oft unheimlich erscheint.[50] Zwar gibt es problematische Aspekte, etwa betrügerische Einflussoperationen, um ausländische Organisationen auf die Linie der KPCh zu bringen.[51] Doch vieles davon ist eine nützliche Korrektur zum Bildungssystem in Hongkong, das immer noch stark von einem kolonialen Erbe geprägt ist und Hass auf das chinesische politische System und die Kultur als Ganze schürt. Aber wie können Westler die positive Seite der United Front erkennen, wenn ihr Name wie eine Organisation aus der Kriegszeit klingt, die darauf zielt, strikt zwischen Freunden und Feinden zu unterscheiden, um Letztere zu bekämpfen? Warum keine Umbenennung in etwas wie „Abteilung für kulturelle und politische Öffentlichkeitsarbeit"? Eine solche Terminologie erfasst besser die Arbeit der United Front und ruft, im Gegensatz zur aktuellen Übersetzung, nicht automatisch das Bild von politischer Arbeit hervor, die in Friedenszeiten jenseits des moralisch Vertretbaren liegt.

Ein weiteres Beispiel für eine irreführende Übersetzung ist der *dangwei shuji* (党委书记), meist übersetzt als „Parteisekretär" (manchmal auch „Parteichef" oder „Parteiboss"). Dies klingt, als hätten Parteisekretäre die Aufgabe, die Entscheidungen der herrschenden KPCh zu erarbeiten und umzusetzen. Auf den höchsten Regierungsebenen ist das sicherlich der Fall. Präsident Xi Jinping ist der „Generalsekretär" (*zong shuji* 总书记), also der ranghöchste Parteisekretär. In Provinzen und Städten ist der Parteisekretär die mächtigste Person der Verwaltungshierarchie, welche die von der KPCh festgelegten Politiken formuliert und umsetzt. Doch in Unternehmen (öffentlich und privat), Krankenhäusern und Universitäten ist die Arbeit des *shuji* oft weniger politisch.

Ich wurde von K. *shuji,* dem *shuji* der Qingdao-Niederlassung der Shandong-Universität, überredet, als Dekan an der Shandong-Universität zu dienen. Dies war ein langer Prozess. Vor über zehn Jahren brachte mich K. *shuji* auf den Campus und fragte, ob ich bereit wäre, Dekan der Fakultät für Politikwissenschaft und öffentliche Verwaltung zu werden. Ich versuchte, ein Lachen zu unterdrücken. Ich erwartete, dass wir in Qingdao sein würden. Aber wir befanden uns sechzig Kilometer entfernt, mitten auf dem Land. Der „Campus" war ein leeres Feld, das zum Meer führte, mit dem schönen Lao Shan (ein berühmter daoistischer Berg) im Hintergrund. Er erklärte, dass die Universität im folgenden Jahr mit dem Bau des neuen Campus beginnen und dieser in etwa fünf Jahren fertig sein würde. Ich sagte, lassen Sie uns in ein paar Jahren wieder darüber sprechen.

Drei Jahre später (2015) standen die meisten Gebäude bereits. Darunter zwei majestätische Gebäude: eine zwölfstöckige Bibliothek, die größte Asiens (in Bezug auf die Fläche), und ein Museum mit archäologischen Schätzen aus der Provinz Shandong, dessen nachts beleuchtete Fassaden Bambusstreifen mit alten chinesischen Zeichen nachahmten. Die Gebäude hatten schlanke rote Dachziegel, ähnlich den deutschen Kolonialgebäuden in der Stadt Qingdao,[52] und Art-Deco-Fassaden mit großen Innenhöfen im Peking-Stil. Ich fragte K. *shuji,* ob er sich Sorgen wegen des Klimawandels mache: Wird dieser Campus in fünfzig Jahren überschwemmt sein? Er verneinte, denn er sei aus diesem Grund sechs Meter über dem Meeresspiegel errichtet worden. Dann zeigte er auf das Gebäude neben der Bibliothek, in dem zur einen Hälfte „meine" Fakultät für Politikwissenschaft und öffentliche Verwaltung und zur anderen Hälfte die juristische Fakultät einziehen würden. Ich war beeindruckt: Nur in China, dachte ich, könnte ein Universitätscampus so schnell aus dem Nichts entstehen.

„Was ist mit den Studenten"?, fragte ich. K. *shuji* antwortete, dass der Campus Mitte 2017 eröffnet werde, mit mehr als zehntausend Studenten in sechs Fakultäten. In Bezug auf die akademische Qualität seien unsere Studierenden zweifellos die besten: Es sei schwieriger für jemanden aus der Provinz Shandong, an der Universität Shandong zugelassen zu werden, als für jemanden aus Peking an der Tsinghua-Universität.[53] Ich hatte noch nicht zugesagt, aber er konnte sehen, dass ich in Versuchung war.

Dann erzählte er mir, dass alle Studierenden auf dem Campus verpflichtet sei, die *Analects of Confucius* zu studieren. K. *shuji* war sichtlich stolz auf die konfuzianische Tradition seiner Vorfahren.[54] Dann lud er mich zum Mittagessen ein: in eine Hütte am Meer neben dem Campus; die Meeresfrüchten kamen buchstäblich gerade vom Boot. Es waren die besten Schalentiere, die ich in China jemals gegessen hatte, besser als in den südlichen Provinzen, denn Meeresfrüchte aus kalten Gewässern sind fleischiger.[55] Ich fragte nach jüdischen Studierenden und danach, welches Essen sie mögen könnten. „Kein großes praktisches Problem", sagte K. *shuji,* „Wir haben keine jüdischen Studenten. Ich erkundigte mich nach muslimischen Studenten; schließlich könnten unsere köstlichen Garnelen und Krabben als *haram* gelten. K. *shuji* antwortete gelassen, wir sollten uns keine Sorgen machen: Man werden einen *halal*-Bereich in der Mensa einrichten, wie an anderen großen Universitäten in China. Ich war begeistert. Was für eine schöne Gelegenheit, den Konfuzianismus in China zu fördern, während man andere Traditionen respektiert! K. *shuji* erwähnte mit keinem Wort die Notwendigkeit, den Kommunismus oder die Agenda der KPCh zu fördern.[56] Er war ein Baumeister und dieser Campus war sein Werk. Sein Hauptanliegen war es, die Universität zu einer akademischen Einrichtung von Weltrang zu machen. Zunächst brauchte es einen schönen Campus, der Wissenschaftler aus der ganzen Welt anziehen würde. Das war gelungen. Als Nächstes brauchten wir talentierte Akademiker, die originelle und bahnbrechende Forschung betreiben würden. Er hoffte, dass ich dabei helfen könnte. Geschmeichelt sagte ich zu.[57]

Schließlich wurde K. *shuji* ein enger Freund und Vertrauter. Ich bewundere seine Gelassenheit, seine Freundlichkeit und seine Arbeitsmoral, und ich wende mich an ihn, wann immer ich Probleme habe. Auf den unteren Ebenen der institutionellen Hierarchie ist der psychologische Betreuungsaspekt der Arbeit des *shuji* noch offensichtlicher. Jede Fakultät, auch meine, hat mehrere *shuji*, die sich mit nicht-akademischen Angelegenheiten befassen, was oft bedeutet, wie ein psychologischer Berater zu agieren. Dies zielt darauf ab, „Vielfalt in Harmonie" (*he*, 和) in der Universitätsumgebung zu sichern und den Studierenden zu helfen, nach ihrem Abschluss beim Berufseinstieg zu helfen. Einige *shuji* erhalten Quoten, die angeben, wie viele Studenten Studierende erfolgreich vermittelt werden sollen, und werden belohnt oder sanktioniert, je nachdem, wie erfolgreich sie diese Ziele erreichen.

Ich leugne nicht, dass die Arbeit des *shuji* auch einen politischen Aspekt hat. Akademische Treffen werden oft von *shuji* eingeleitet, die ideologische Direktiven von oben vorlesen, wobei viele Professoren diesen Anlass nutzen, um ihre Handys zu checken und nur wenige aufmerksam zuzuhören scheinen.[58] Ich habe keinen Zweifel, dass manche *shuji* die akademische Freiheit untergraben. In meiner Fakultät – vielleicht weil ich Ausländer bin und kein Mitglied der KPCh – habe ich selten etwas mit politischer Arbeit zu tun. Ich kenne jedoch einige Fälle von akademischer Zensur (auch in Bezug auf meine eigenen Arbeiten)[59] und es gibt sicher Vorfälle, von denen ich nichts weiß. Aber man bittet mich nicht, sie durchzusetzen. Mit einer Ausnahme. Ich leite eine Vorlesungsreihe mit dem Titel *Jixia Luntan* (季夏论谈), die sich an den Debatten der Jixia-Akademie im alten China inspiriert. Wir laden zwei renommierte Akademiker ein, ein Thema aus verschiedenen Perspektiven zu diskutieren. Die Debatte wird aufgezeichnet, als Skript verteilt und soll später in Buchform veröffentlicht werden. Einmal lud ich zwei Professoren einer führenden chinesischen Universität ein, über das Thema „Was ist gute Regierung?" (auf Chinesisch) zu diskutieren. Wie üblich kümmerte sich meine Assistentin um die bürokratischen Genehmigungen und ich fragte nicht nach den Details. Am Tag vor der Veranstaltung wurde ich jedoch informiert, dass ich das Ankündigungsposter von meinem WeChat-Konto löschen müsse, weil wir keine formelle Genehmigung für die Vorlesung erhalten hatten. Auch konnten die Studierenden die Vorlesung nicht besuchen. Das Problem, so wurde mir informell mitgeteilt, war die zeitliche Nähe zu einem politisch sensiblen Jahrestag. Eine Absage der Vorlesung wurde mir jedoch nicht nahegelegt. Also führten wir die Veranstaltung durch – mit einem Abendessen für die beiden Gastprofessoren und jungen Fakultätsmitgliedern. Die Meeresfrüchte waren ausgezeichnet, das lokale Tsingdao-Bier, gebraut mit Wasser des Lao Berges, war deutlich besser als die exportierte Version. Danach, im Vorlesungsraum, kündigte ich an: „Dies ist keine Vorlesung", in Anspielung auf René Magrittes berühmtes surrealistisches Bild einer Pfeife mit den geschriebenen Worten *„Ceci n'est pas une pipe"* („Dies ist keine Pfeife"). Die Anwesenden lachten. Dann folgten die Vorlesungen und die Diskussion, alles wurde aufgezeichnet.

Ein Professor, der gewöhnlich zu Gastvorträgen erscheint, um politisch sensibles Material zu prüfen (er greift nie ein und ich wurde nie auf diesbezügliche Beschwerden hingewiesen), blieb diesmal fern. Ich zahlte das Honorar für die Vorträge aus meinem Dekanatsfonds statt aus dem

Fakultätsfonds. Um Konflikte zu vermeiden, mussten wir alle so tun, als hätte es keine Vorlesung gegeben. Die Harmonie war gesichert.

Mir ist bewusst, dass ich von vielen „schmutzigen" Aufgaben vermutlich ausgeschlossen bin. Das ist nichts, worauf ich stolz bin. Doch auch der Großteil der täglichen Arbeit der *shuji* ist keinesfalls schmutzig. Im Gegenteil: Sie dient, wie Mao es nannte, „dem Volk".

Als Covid China erreichte, führten unsere verschiedenen *shuji* den Kampf an, um Studierende und Fakultätsmitglieder vor der gefürchteten Krankheit zu schützen. Sie arbeiteten Tag und Nacht an Maßnahmen, die uns ohne übermäßige Einschränkungen schützten. Während eines vierwöchigen Lockdowns unserer Fakultät Anfang 2022 lebten alle Universitäts-*shuji* Vollzeit auf dem Campus, fern von ihren Familien. Im Vergleich dazu fühlte ich mich ziemlich egoistisch mit meinen abstrakten akademischen Bestrebungen, die zum Wohl der Welt kaum etwas beitrugen. Unsere *shuji* hingegen verbringen den größten Teil ihrer Zeit mit der Arbeit für andere, ohne einen unmittelbaren persönlichen Nutzen. In den ersten Monaten der Covid-Krise war einer der Fakultäts-*shuji* so erschöpft davon, die Gesundheit der Lehrenden und Studierenden zu sichern, dass ich um dessen eigene Gesundheit fürchtete.

Es ist die Aufgabe des *shuji,* auch auf der menschlichen Ebene, jenseits des akademischen Betriebs, Probleme zu lösen. Diese Arbeit verlangt bemerkenswerte Menschenkenntnisse beziehungsweise eine hohe emotionale Intelligenz (EQ) – ein in China weit verbreiteter Begriff (im Gegensatz dazu gedeihen Akademiker oft mit hohem IQ, aber geringem EQ). So etwa forderte ein tragischer Unfall kurz nach der Eröffnung unseres Campus von K. *shuji,* die Familie des verunglückten Studenten zu trösten und anschließend eine Umgestaltung des Campus zu veranlassen, um solche Unfälle in Zukunft zu verhindern. Heute ist unser Campus einer der wenigen in China, die Autos in ihrem Zentrum verbietet.

Ein weiteres Geständnis: Ich entwickelte eine starke Abneigung gegen einen jungen Lehrer unserer Fakultät, der meine Arbeit sowie meine angeblichen moralischen Verfehlungen auf dem Fakultäts-WeChat-Kanal angriff. Das war für mich peinlich, aber ich schwieg, mir war das Macht-Ungleichgewicht bewusst. Zu meiner Erleichterung nahm er eine Stelle an einer anderen Universität an. Doch auf dem WeChat-Kanal war er weiterhin aktiv und setzte seine öffentlichen Attacken gegen meine Arbeit fort. Schließlich reichte es mir. Ich wies den Administrator an, ihn zu entfernen, da er nicht mehr Mitglied unserer Fakultät war. Dies war vielleicht das erste Mal (in fünf Jahren!), dass ich meine Autorität nutzte, um eine direkte Anweisung zu erteilen, ohne unser kollektives Führungssystem zu durchlaufen. Zu meiner Überraschung verweigerte der zuständige *shuji* jedoch die Ausführung. Empört suchte ich ihn auf, um eine Erklärung zu verlangen. „Warum behalten wir diesen Lehrer auf dem Fakultätskanal, obwohl er nicht mehr bei uns arbeitet? Das macht keinen Sinn!" Ein weiteres Problem blieb unausgesprochen. Dieser Lehrer war offen anti-kommunistisch. Er hasste das politische System und äußerte seine Verachtung mit sarkastischen Kommentaren, die er mit anderen Fakultätsmitgliedern teilte. Sicherlich, dachte ich, der *shuji,* der vermeintlich dafür verantwortlich ist, die Loyalität zur KPCh durchzusetzen, würde die Gelegenheit ergreifen, gerade diesen politisch problematischen ehemaligen Lehrer loszuwerden. (Das waren persönliche Gedanken. Ich würde niemals Politik benutzen, um ein Fakultätsmitglied öffentlich zu beurteilen.) Unser *shuji* muss sich der politischen Orientierung des Lehrers bewusst gewesen sein, sie war öffentlich. Daher war ich schockiert über seine Weigerung, die betreffende Person aus unserem Kanal zu entfernen. Stattdessen erklärte der *shuji*. „Erstens haben wir andere ehemalige Lehrer, die auf dem Fakultätskanal bleiben, und es erscheint seltsam, wenn wir einen löschen, nicht aber die anderen". Zweitens könnte der Betreffende einen öffentlichen Skandal provozieren. Ich erwiderte, dass seine Präsenz uns einschränke. So etwa wagte ich es nicht mehr, offen zu posten, aus Angst vor feindseligen Kommentaren. Ich war sicher, andere Fakultätsmitglieder empfänden dies genauso. Unser *shuji* hörte zu, blieb aber bei seiner Meinung. Er riet zur Geduld. Einige Wochen später, nachdem weitere hämische, akademisch nutzlose Nachrichten gekommen waren, wurde der Lehrer entfernt.

Diese hohe emotionale Intelligenz der *shuji* überträgt sich auch auf andere vergleichbare Bereiche. Li Zhangs *Anxious China: Inner Revolution and Politics of Psychotherapy* ist eine faszinierende Darstellung des Aufstiegs der Psychotherapie im heutigen China. Zhang argumentiert, dass neue psychotherapeutische Techniken auf traditionellen Formen der „Gedankenarbeit" aufbauen und über die klinische Behandlung von psychischen Erkrankungen hinaus in andere soziale Felder reichen: „Vor dem Hintergrund eines besonderen sozialistischen Erbes, bekannt als ‚politische Gedankenarbeit' (政治思想工作 *zhengzhi sixiang gongzuo*) oder Regierung durch Ideologie, wächst die Überzeugung, dass eine neue Form der therapeutischen Regierung, basierend auf ‚freundlicher Fürsorge' (关爱 *guan ai*), für chinesische Arbeiter, Studenten, Soldaten und andere attraktiv werden könnte." Gedankenarbeit ist nicht nur eine Frage der Verbreitung kommunistischer Propaganda: „Vielmehr findet effektive politische ‚Gedankenarbeit' eher in einem persönlicheren Umfeld statt und beinhaltet eine affektive Dimension, die Gefühle, Einstellungen und Gesten der Fürsorge umfasst." Heute ist die Gedankenarbeit noch weiter von ihrer ursprünglichen politischen Mission entfernt: „Heutzutage ist es üblich, einen Freund oder Verwandten zu bitten, bei der Gedankenarbeit zu helfen, die rein persönliche Angelegenheiten betreffen kann." Viele Therapeuten, waren einst *shuji*, die politische Gedankenarbeit geleistet haben: „Auch wenn ihr Schwerpunkt etwa in der kognitiven Verhaltenstherapie heute nicht mehr auf politischer Ideologie liegt, sondern auf der Förderung persönlichen Wachstums und der Bewältigung emotionaler Probleme, können die Kommunikationsfähigkeiten, die sie aus der früheren ‚Gedankenarbeit' erworben haben, in der Gesprächstherapie angewendet werden." Die Arbeit als *shuji* und die als Psychotherapeut erfordern die gleichen Fähigkeiten: „Zuhören und Vertrauen schaffen [sind] viel wichtiger als Überzeugung und rationale Argumentation."[60]

Kurz gesagt, der *shuji* in universitären Einrichtungen ist nicht in erster Linie ein Parteisekretär, der blind Parteiideologie gegen widerspenstige Studenten und Professoren durchsetzt. Der Großteil seiner Arbeit besteht darin, soziale Konflikte zu glätten und eine Atmosphäre der „Vielfalt in Harmonie" auf dem Campus zu fördern. Eine bessere Übersetzung für den universitärem *shuji* wäre „Harmonie-Sekretär".

Ich möchte das universitäre *shuji*-System nicht idealisieren. Es ist zutiefst fehlerhaft. Aus akademischer Sicht ist es äußerst fragwürdig, wenn politische Kommissare akademische Arbeit überwachen, auch wenn in der Praxis wenig Einmischung stattfindet. Ich hoffe auf den Tag, an dem Akademiker in China ihre Arbeit frei, ohne jegliche politische Einmischung verrichten können und ausschließlich nach fachlichen Kriterien beurteilt werden.[61] Zumindest müsste der erhebliche Einfluss der *shuji* auf akademische Einstellungen und Entlassungen enden.

Doch persönliche Konflikte wird es immer geben und wir brauchen eine Art von Instanz, die ich Harmonie-Sekretär nenne, ob an Universitäten oder anderen sozialen Institutionen. Wir brauchen auch Administratoren, die dafür sorgen, dass die Universität der Gesellschaft dient, im Gegensatz zu „westlichen" Administratoren, deren Hauptaufgabe darin besteht, Professoren zu dienen, deren Forschung oft ohne jeglichen sozialen Bezug stattfindet. Meine Prognose: Der Harmonie-Sekretär wird bleiben, selbst wenn Chinas politisches System eines Tages zusammenbricht.

3

Über kollektive Führung

Die Kulturrevolution von 1966 bis 1976 war eine katastrophale Erfahrung mit radikalem Populismus und einem extremen Personenkult. Um die Wiederholung einer solchen willkürlichen Ein-Mann-Diktatur an der Spitze zu vermeiden, führten Deng Xiaoping und andere Führer Mechanismen ein, die derartigen Entwicklungen Einhalt gebieten sollten. Seit 1982 schreibt die Verfassung Amtszeitbeschränkungen vor: Der Präsident darf nicht mehr als zwei aufeinanderfolgende Amtszeiten absolvieren. Zwar nahm Deng Xiaoping bis zu seinem Tod im Jahr 1997 hinter den Kulissen de facto erheblichen politischen Einfluss, was Zweifel an der praktischen Wirkung solcher Regelungen aufwarf. Doch sowohl Jiang Zemin als auch Hu Jintao traten nach zwei fünfjährigen Amtszeiten als Präsidenten zurück und es schien, als könnten Amtszeitbegrenzungen die Befugnisse des Präsidenten wirksam beschränken. Dieser Fortschritt war jedoch nur von kurzer Dauer: Im Jahr 2018 schafften chinesische Gesetzgeber

© Der/die Autor(en), exklusiv lizenziert an Springer Fachmedien Wiesbaden GmbH, ein Teil von Springer Nature 2026
D. A. Bell, *Der Dekan von Shandong,*
https://doi.org/10.1007/978-3-658-50582-0_3

die Amtszeitbeschränkung für den Präsidenten wieder ab.
Damit erhielt Präsident Xi die Möglichkeit, seine Macht
formell über mehr als zwei fünfjährige Amtszeiten hinaus
auszuüben. Die Ängste vor einem „Kaiser", dessen Macht
außer Kontrolle gerät, kehrten zurück.[62] Gleichwohl besteht ein anderer Mechanismus zur Limitierung autoritärer
Macht weiter fort: die kollektive Führung. Diese hat sich
im Laufe der Zeit zwar gewandelt – ein Führer ist inzwischen mehr ein Erster unter Gleichen – bildet aber noch
immer eine wichtige Kontrollinstanz gegenüber willkürlichen Entscheidungen der Nummer eins.

Wenn Präsident Xi zum Beispiel altersbedingt geistig
beeinträchtigt wäre, könnte er aus dem Ständigen Ausschuss des Politbüros entfernt werden. Dies ist nicht neu.
Weniger bekannt aber ist, dass politische Führungsmecha-
nismen informell auch auf niedrigere Ebenen der chinesischen Bürokratie heruntergebrochen werden. Als ich mein
Dekanat übernahm, war ich überrascht zu erfahren, dass
auch meine Fakultät an der Shandong-Universität kol-
lektiv geführt wird. Lassen Sie mich meine Erfahrungen
damit schildern und daraus Schlussfolgerungen für höhere
Regierungsebenen ziehen.

Ein mächtiger Dekan?

Meine Kollegen im Westen schienen irritiert, dass ich in
China eine administrative Aufgabe übernehmen wollte:
als Dekan einer großen Fakultät an einer recht abgelegenen Universität. Denn an westlichen Universitäten meiden
produktive Akademiker eher die administrative Arbeit,
um mehr Zeit zum Lesen und Schreiben zu haben. Ich
erinnere mich an einen Stanford-Professor in Palo Alto,
der vor Freude aufsprang, als ihm mitgeteilt wurde, dass
er *nicht* Abteilungsleiter werden müsse. Anders in China:
Selbst führende Akademiker konkurrieren hier um administrative Jobs, je höherrangig, desto besser. Was auch

immer die persönlichen Gründe dafür sein mögen, es sind die tieferen kulturellen Wurzeln, die den Unterschied erklären. Das konfuzianische Ideal – das beste Leben – wird durch das Sprichwort „内圣外王" *(nei sheng wai wang)* ausgedrückt, was „weise (innere) Selbstkultivierung und humane (äußere) Königsherrschaft" bedeutet.[63] Der zweite Teil des Ideals (äußere Königsherrschaft) wurde, wenn auch unvollkommen, seit Chinas erster Dynastie durch ein komplexes bürokratisches System verwirklicht, dessen Beamte um das Recht konkurrieren, der Öffentlichkeit zu dienen. Mehr als zwei Jahrtausende lang galt die höchste Ehre den meritokratisch gewählten und beförderten öffentlichen Beamten. Natürlich können historische Traditionen nicht vollständig erklären, warum Akademiker heute in China nach Verwaltungsposten streben, selbst wenn die Gehälter für hochrangige Universitätsbeamte einschließlich des Präsidenten und Vizepräsidenten oft weit unter denen herausragender Forscher liegen. Dennoch streben Akademiker danach, Verwaltungsbeamte zu sein. Und dies verdankt sich weniger dem kommunistischen politischen System oder dem kapitalistischen Wirtschaftssystem als vielmehr dem Erbe des Konfuzianismus, besonders in der Provinz Shandong, dem Zentrum der konfuzianischen Kultur.

Viele einflussreiche Beamte in der Geschichte stammen aus dieser Region, dennoch wurde niemand je Kaiser. Der Grund dürfte sein, dass wir Shandongnesen uns als fleißige Beamte verstehen, ohne uns in die „schmutzige" Politik einzumischen, was jedoch notwendig wäre, um ganz nach oben zu kommen. In diesem Zusammenhang ist ein Detail bemerkenswert: Die Glückszahl für Autokennzeichen in Shandong ist nicht „8", wie im Rest des Landes, weil „8" auf Kantonesisch wie „Reichtum" klingt, sondern „7", angelehnt an den Ausdruck „七上八下" (sieben auf, acht ab) und bezogen auf die Beförderung und

Degradierung von Beamten. (Beamte, die bis zum Alter von 57 Jahren nicht befördert werden, befinden sich auf dem Weg in den Ruhestand mit 58 Jahren).

Als bekennender Konfuzianer, der in China lebt und arbeitet, wurde ich von diesem Dienstideal beeinflusst. Gewiss beinhaltet ein erfülltes Leben in irgendeiner Weise die öffentliche Dienstleistung, und der Dienst als Universitätsbeamter ist das, womit ich diesem Ideal am Nächsten kommen würde. Daher empfand ich es als besonderes Privileg – gerade als im Ausland geborener und ausländisch aussehender Professor –, die Leitung einer großen, politisch sensiblen Fakultät der Top-Universität von Shandong übertragen zu bekommen. Meine chinesischen Freunde unterstützten mich. Einige prophezeiten sogar, dass ich einmal zum Vizepräsidenten, vielleicht Präsidenten einer Universität befördert werden würde. Ich winkte ab, doch tief in meinem Herzen sah ich mich in ein paar Jahren als den ersten im Ausland geborenen Präsidenten einer renommierten chinesischen Hochschule, würdig einer Erwähnung in der *Globe and Mail*, wenn nicht in der *New York Times*.

Am 1. Januar 2017 trat ich offiziell mein Amt als Dekan an. Die Resonanz in China war riesig und ich wurde weit über akademische Kreise hinaus bekannt. Noch bevor ich meinen Job antrat, wurde ich von mehreren führenden Zeitungen und Fernsehsendungen interviewt, sodass mich Fremde auf der Straße erkannten. Es fühlte sich seltsam an, ein kleiner „Star" zu sein, nicht aufgrund meiner Bücher (alle waren ins Chinesische übersetzt worden), sondern wegen einer administrativen Position, und dies wiederum half meiner Arbeit, in China bekannter zu werden. Meine chinesischen Freunde sagten mir, dass ich eine Plattform (平台) brauche, um gehört zu werden. Es reicht nicht aus, Professor an einer berühmten Universität wie Tsinghua zu sein. Niemand würde zuhören ohne eine Art von administrativem Posten, den die Menschen kennen und respektieren. Und der Titel Dekan (院长) ist ein solcher Titel: Er klingt beeindruckend und mir wurde damit ein neues Maß an Respekt zuteil.[64] Natürlich würde ich immer noch gerne glauben, dass meine Hauptmotivation der bisher unerfüllte Wunsch war, anderen zu dienen. Ich hatte das Gefühl, dass mein Leben bisher übermäßig selbstbezogen war, sogar im familiären Kontext, wo ich nicht viel für meine Lieben leistete. Ein voll verwirklichtes Leben beinhaltet die Erfüllung des altruistischen Reflexes, und ich war begierig, ihn zu nutzen.

Als ich von den Medien nach meiner Motivation gefragt wurde, als Dekan tätig zu sein, klangen meine Erklärungen weniger pompös. Ich sagte, dass ich der Universität bei ihrer Mission helfen wolle, den Konfuzianismus zu lehren und zu fördern. Die führende Universität der Provinz hätte allen Grund, stolz auf ihr konfuzianisches Erbe zu sein, während sie offen für neue Einflüsse ist und nach Vielfalt der Perspektiven strebt. Außerdem könnte ich dazu beitragen, unsere Fakultät zu internationalisieren, Verbindungen mit Universitäten im Ausland zu knüpfen und Austauschprogramme für unsere Studierenden und Lehrenden zu entwickeln. Ich könnte auf akademische Kontakte im Ausland zurückgreifen, die ich in den letzten drei Jahrzehnten geknüpft hatte, sowie führende und aufstrebende Akademiker aus aller Welt zu Vorträgen und internationalen Konferenzen an der Shandong-Universität einladen. All das in der doppelten (scheinbar widersprüchlichen, aber sinnvollen) Mission, „unsere" konfuzianische Kultur sowohl lokal zu stärken als auch zu internationalisieren. Die Position eines Dekans ließe es zu, ein solches Ziel verwirklichen. An chinesischen Universitäten, so ließ man mich wissen, hat der Dekan die Macht, die Fakultät zu formen, anders als im Westen, wo er eher als ein neutraler Schlichter unter (häufig rivalisierenden) Fraktionen fungiert. In China, hieß es, könne der Dekan seine eigenen Vorstellungen durchsetzen (院长说了算 *yuanzhang shuole suan*).

Meine Mission, dem Volk (unbehindert vom Volk) zu dienen, wurde bald mit einer starken Dosis Realität konfrontiert. Als ich meine Arbeit als Dekan aufnahm, war unsere Fakultät gerade dabei, von Jinan – der Hauptstadt der Provinz Shandong, tief im Inneren – nach Qingdao, der mehr als 350 km entfernten wunderschönen Küstenstadt (genauer, nach Aoshanwei, etwa eine Stunde von Qingdao entfernt), umzuziehen. In Jinan lag die Umweltverschmutzung, mit einem PM-2.5-Wert von 650 jenseits der Skala. Die Luft war buchstäblich nicht mehr zu atmen und hinterließ eine Woche lang einen metallischen Geschmack in meinem Mund. Die Einheimischen schien das weniger zu stören: Sie trugen Masken, manche nahmen sie nur zum Rauchen ab (offenbar war noch niemand auf die Idee gekommen, Masken mit Löchern für das Zigarettenrauchen zu entwickeln). Das Tragen von Masken – in den frühen Tagen der Covid-Angst andernorts vielleicht ein Kulturschock – war in Jinan gewöhnlicher Alltag.

Ich begann meine Arbeit mit einer von mir selbst rekrutierten Assistentin – eine ehemalige Studentin der Tsinghua Universität – weil für meine Position überraschenderweise keine Assistenzstelle vorgesehen war. Meine Assistentin half mir, bürokratische Hindernisse des täglichen Lebens zu bewältigen, wie etwa das Eröffnen eines Bankkontos mit einem Formular, das nur zwei Auswahlmöglichkeiten für Ausländer hatte: 美国人 (*meiguoren*, Amerikaner) und 非美国人 (*fei meiguoren*, Nicht-Amerikaner).[65] Meine erste Bitte als Dekan war, in unseren Hotelzimmern einen Luftreiniger aufzustellen. Mir wurde schnell einer zur Verfügung gestellt, meine Assistentin aber wurde ignoriert. Ich bat erneut um Hilfe. Die leitende Verwaltungskraft verwies auf komplizierte

Regierungsvorschriften durch die Anti-Korruptionskampagne. Ich antwortete, es ginge ums Überleben, nicht um Korruption. Es dauerte drei Tage wiederholter Anfragen inmitten lebensbedrohlicher Verschmutzung, bis meine Assistentin einen Luftreiniger für ihr Hotelzimmer bekam. Ich lernte die erste Lektion einer komplexen Bürokratie: Die Mutter aller Mächte ist die Macht, zu verzögern.

In der ersten Woche lernte ich zwei wichtige Gremien kennen: Das Fakultätsleiterkomitee, das über administrative Fragen zur Fakultät entscheidet, und das akademische Komitee, das über rein akademische Angelegenheiten befindet wie Einstellungen, Beförderungen und später auch Entlassungen. Das Fakultätsleiterkomitee bestand aus vier Prodekanen (alle männlich), drei Parteisekretären, der zuvor erwähnten leitenden Verwaltungskraft und mir selbst. Ich wurde gebeten, in der Mitte zu sitzen, zwischen dem geschäftsführenden Prodekan und dem Fakultätsparteisekretär. Halb im Scherz sagte man mir, das sei Teil eines Systems der kollektiven Führung. Das Treffen war auf 8 Uhr morgens angesetzt, für mich lächerlich früh, da ich meine Gewohnheit aus der Graduiertenschule noch nicht abgelegt hatte: spät ins Bett gehen, spät aufstehen, dazwischen unterbrochener Schlaf. Es gab keine schriftliche Tagesordnung und keine im Voraus verteilten Unterlagen.

Ich wurde gebeten, als Erster zu sprechen. Ich erklärte, dass ich lieber zunächst zuhören und danach meine eigenen Ansichten äußern würde. Jedes Mitglied des Fakultätsleiterkomitees sprach etwa fünfzehn Minuten über seinen jeweiligen Zuständigkeitsbereich (ein Prodekan war für die Ausbildung von Studenten zuständig, ein anderer für die Ausbildung von Graduierten, ein weiterer für die Forschung usw.), und fasste seine Arbeit der letzten zwei Wochen zusammen. Die meisten Diskussion drehten sich um den Umzug: Welche Tische und Stühle sollten nach

Qingdao mitgenommen werden, wer sollte welches Büro im neuen Gebäude bekommen und wie könne man die strengen Vorgaben zur Begrenzung der Büroflächen im Zuge der Anti-Korruptionskampagne erfüllen?

Dabei traten deutliche Unterschiede zwischen den Führungskräften aus Qingdao und Jinan zutage. Ich dachte, dass der Umzug von Jinan mit seinem heißen und feuchten Klima, dem dichten Verkehr, der hässlichen Architektur und der extremen Luftverschmutzung an unseren neuen Campus in der Nähe von Qingdao mit klarer Luft, schönen Stränden und dem imposanten Lao-Berg im Hintergrund, ein „Volltreffer" sein würde. Doch Professoren mit jungen Kindern und pflegebedürftigen Eltern in Jinan zögerten. Einige Paare könnten darunter leiden, in verschiedenen Städten zu arbeiten: Mir wurde gesagt, dass bei der Aufteilung der „Öluniversität" (中国石油大学) auf zwei Städte die Scheidungsrate um 30 % gestiegen sei (drei Jahre später trug ich an meiner Universität zu einer ähnlich unglücklichen Statistik bei).

Einige Unterschiede schienen, tief verwurzelt, aus der Zeit der streitenden Reiche zu stammen, als Jinan Teil des Lu-Staates (Heimat des Konfuzianismus) war und Qingdao ein kleines Fischerdorf im Staat Qi, bekannt für seinen Handelsgeist. Mir wurde unter vier Augen erklärt, dass unsere Fakultät mehr Professoren aus den Küstenstädten des ehemaligen Qi-Staates habe, weil deren fischreiche Ernährung in den späten 1970er Jahren – zur Zeit der Wiedereinführung der nationalen Universitätseingangsprüfungen *(gaokao)* – zu einem Kalorien- und Bildungsvorteil geführt habe, während der Rest der Provinz unterernährt war. Mehr als 60 % der erfolgreichen Prüflinge aus Shandong kamen damals aus den Küstenregionen in Qi. Die Lu-Fraktion an unserer Fakultät sah im Umzug einen Rückschritt im „Zivilisationsniveau".[66]

Der Umzug selbst wurde nicht hinterfragt: Er war von oben entschieden worden. Aber über den Zeitpunkt, die Mitnahme von Möbeln und die Verteilung der Büros wurde heftig gestritten. Einmal wurde die Debatte so hitzig, dass ein Fakultätsleiter aus der Sitzung stürmte. Dann wurde ich gebeten, Entscheidungen zu treffen. Aber ich hatte nichts zu sagen. Zum einen war ich die verschiedenen Shandong-Akzente nicht gewohnt, sodass ich einige entscheidende Details verpasste. Zum anderen kannte ich weder die beteiligten Personen (wir haben etwa achtzig Professoren in unserer Fakultät) noch die Vorschriften gut genug, um die kontroversen Positionen zu bewerten. Schließlich sprach unser auffallend gutaussehender stellvertretender Dekan C., dessen Autorität niemand infrage stellte. Er kannte jedes Detail, bezog die Vorschläge anderer Führungskräfte ein und brachte eigene Ideen ein, die bis dahin niemand erwähnt hatte. Wenn er sprach, schwiegen alle. Und alle stimmten seinen Vorschlägen zu, die nicht nur ausgewogen und gut durchdacht schienen, sondern auch mit Demut und Humor vorgetragen wurden. Ich bekam eine erste Ahnung davon, wer der eigentliche Leiter unserer Fakultät war.

Nach vier Stunden war die Sitzung zu Ende. Ich war geschockt, ebenso meine Assistentin, aus Peking kommend, die sich völlig *dépaysé* fühlte.[67] Sie kannte die bürokratische Kultur Shandongs, hatte aber nicht mit diesen endlosen Diskussionen und dem Wust an Vorschriften gerechnet. Ich war Fakultätssitzungen an der Tsinghua-Universität gewohnt, die selten länger als eine Stunde dauerten. In Hongkong waren die Sitzungen noch effizienter, mit im Voraus verteilten Unterlagen, die man vorab studieren konnte. Ich nahm mir vor, unsere Sitzungen zu straffen und die Effizienz zu steigern. Mein erster Vorstoß war, die nächste Sitzung auf den Nachmittag zu verlegen. Das sei unmöglich, hieß es, andere Führungskräfte hätten nachmittags ebenfalls Sitzungen und Unterrichtsverpflichtungen. Aber man könne die Startzeit von 8.00 Uhr auf 8.30 Uhr verschieben. Ich sagte scherzhaft zu meiner Assistentin, das sei mein erster Sieg. Sie entgegnete, es könne vielleicht mein einziger bleiben. Ich ahnte nicht, wie recht sie behalten sollte.

Am nächsten Tag fand eine Sitzung des akademischen Ausschusses statt. Er bestand aus vierzehn stimmberechtigten Mitgliedern, die über Einstellungen und Beförderungen entschieden, vorbehaltlich der Genehmigung von höheren Universitätsinstanzen. Mir wurde schnell klar, wie äußerst wichtig dieses Gremium war – und wie wenig Einfluss ich haben würde. Schlimmer noch: Ich durfte dem Ausschuss zunächst nicht formell beitreten, da die Vorschriften für neue Fakultätsmitglieder „etwas kompliziert" seien. Aber ich dürfe als nicht stimmberechtigtes Mitglied teilnehmen und wohl bald beitreten. Es dauerte zweieinhalb Jahre, bis ich formell in den akademischen Ausschuss berufen wurde.

Einige Monate nach meinem Amtsantritt wurde mir klar, dass ich überfordert war. Ich wurde in keinen universitären Ausschuss berufen (im Gegensatz zu anderen Dekanen) und unseren Universitätspräsidenten hatte ich noch nicht persönlich getroffen (obwohl ich um ein Treffen gebeten hatte). Von einer etwaigen Beförderung konnte keine Rede sein, vielmehr fürchtete ich, meine Aufgabe als Dekan nicht erfüllen zu können. Ich hatte angekündigt, alle Professoren unserer Fakultät in Einzelgesprächen zu treffen, um zu erfahren, was funktioniere und was nicht, und um konstruktive Vorschläge zu erhalten.[68] Doch Termine waren schwer zu bekommen. Manche Fakultätsmitglieder lebten in Jinan, als ich in Qingdao war und umgekehrt.

Einige Gespräche fanden statt. Überraschend wurde mein Vorschlag unterstützt, einen Pflichtkurs in politischer

Theorie mit konfuzianischen Inhalten für Erstsemester wieder einzuführen. Doch als ich diesen Vorschlag der Fakultätsleitung vorlegte, wechselten die Gesichter erstmals ins Unfreundliche. Man sagte mir, eine Änderung des Studienplans sei kaum möglich, es gäbe zu viele bürokratische Hürden. Ich verstand die Botschaft: Reformen am Lehrplan waren nicht durchsetzbar. Ein anderer Versuch, eine internationale Konferenz zu konfuzianischer politischer Theorie zu organisieren, scheiterte in letzter Minute. Das Bildungsministerium lehnte aus politischen Gründen ab. Ich musste den internationalen Teilnehmern absagen, was mir äußerst peinlich war. Zudem begriff ich, dass wir wegen der abgelegenen Lage und mangelnder englischsprachiger Infrastruktur kaum internationale Fakultätsmitglieder anziehen konnten, die kein Chinesisch sprachen.

Meine Mission, die Fakultät zu „konfuzianisieren" und gleichzeitig zu internationalisieren, musste hinter banaleren Anliegen wie Bürofläche, Forschungszeit und Professorengehältern zurückstehen. Endlos wurden solche Anliegen in den Fakultätssitzungen diskutiert, und mir fehlte nach wie vor ausreichend lokales Wissen, um qualifizierte Vorschläge zu machen. Die Sitzungen zogen sich weiter über vier Stunden hin und unser geschäftsführender Vizedekan fungierte als inoffizieller Entscheider. Ich schlug vor, die Sitzungen zu straffen und unsere Gespräche auf akute Probleme zu fokussieren, anstatt erledigte Arbeit zu referieren. Ich bat die Fakultätsleiter um schriftliche Vorab-Berichte, um Zeit zu sparen. Der Effekt war begrenzt. Einige Leiter reichten Berichte ein, aber inoffiziell gab man mir zu verstehen, dass die Vorbereitung zu aufwendig sei. Außerdem sei es nicht immer einfach, zu lösende Probleme gegenüber bereits gelösten Problemen zu identifizieren. Erledigte Probleme zu besprechen bedeute vielmehr, die Identifizierung potenzieller Probleme überhaupt erst zu ermöglichen. Schließlich kehrten die Dinge zum Status quo ante zurück. Ich verstand, dass die meisten Fakultätsleiter die langen Sitzungen genossen. Und ich erkannte, dass ich dafür nicht gemacht war.

Etwa ein Jahr später wurde unser hochtalentierter geschäftsführender Vizedekan zum Vizepräsidenten des Qingdao-Campus der Shandong-Universität befördert. Ich war alarmiert. Nicht, dass ich eifersüchtig war (ich hatte schon lange aufgehört, eine Beförderung innerhalb der Universitätshierarchie anzustreben). Vielmehr befürchtete ich, dass unsere Fakultät ohne unseren geschäftsführenden Vizedekan auseinanderbrechen könnte. Ich traute mir sicherlich nicht zu, seinen Platz einzunehmen, und sah nicht, wer das hätte tun sollen. Auf einem Treffen mit der Organisationsabteilung drückte ich meine Bewunderung für den neuen Vizedekan aus und lobte aufrichtig seine brillante Fähigkeit, Menschen zu führen und akademische Kontroversen auf faire Weise aufzulösen, ich konnte mir keine geeignetere Person als Universitätsleiter vorstellen.[69]

Auf der nächsten Fakultätsleitersitzung kämpfte ich darum, den Platz in der Mitte unserem künftigen Vizepräsidenten zu überlassen. Er bestand jedoch darauf, dass ich ihn einnahm. Wir trugen viele solcher Scheinkämpfe darüber aus, wer bei diesen Sitzungen den Schlüsselplatz besetzen sollte, und er „gewann" normalerweise, indem er mir den zentralen Platz zuwies. Ich lernte, entschlossener zu kämpfen, und „gewann" gelegentlich, indem ich früher kam, den weniger prestigeträchtigen Platz einnahm und ihn somit ins Zentrum zwang. Zu meiner Überraschung (und Erleichterung) behielt unser Vizepräsident auch in seiner neuen Funktion seine alte Position bei und diente weiterhin im Fakultätsleiterkomitee. Ich machte mir Sorgen um seine Gesundheit – die Doppelbelastung war enorm – und fühlte mich schuldig, dass ich weder mehr tun konnte noch wollte.

Um fair zu mir selbst zu sein, lernte ich mit der Zeit einige Tricks. Bei neuen Ideen zur Reformierung unsere Fakultät war es am besten, auf bestehenden Strukturen aufzubauen, anstatt sie zu ändern. Ich begriff, dass wir den Konfuzianismus nicht ohne ausgebildete Lehrer fördern können. Ich würde nichts erreichen, wenn ich unsere Fakultät drängte, etwas zu unterrichten, wofür sie weder Interesse noch Expertise besaß. Aber ich konnte entsprechende neue Lehrer einstellen. Hier verzeichnete ich einige Erfolge.[70] In meinem ersten Jahr half ich, einen exzellenten Professor einzustellen, den ich seit seinen Studientagen an der Peking-Universität Mitte der 1990er Jahre kannte, als er mir eine winzige Taschenausgabe der *Analects of Confucius* schenkte und erwähnte, dass er ein 76. Nachfahre von Konfuzius sei; es war das erste Mal, dass ich von dem angesehenen Kong-Stammbaum erfuhr.[71] Professor K., geboren und aufgewachsen in Qufu, war sowohl in der westlichen Geistesgeschichte als auch in der konfuzianischen Ethik ausgebildet. Er konnte aufschlussreiche Vergleiche ziehen, die chinesische wie ausländische Studierende gleichermaßen ansprachen. Er ist ein charismatischer Lehrer, die Studierenden lieben ihn. Professor K. stieg in der Verwaltungshierarchie schnell auf, er wurde Vizedekan und ein Schlüsselmitglied unserer kollektiven Führung. Durch seine Initiative wurden weitere Lehrkräfte für konfuzianische Geschichte und Philosophie eingestellt. Unser konfuzianisches Projekt kam mehr und mehr voran, hauptsächlich durch seine Bemühungen.[72] Auf persönlicher Ebene ist er mein Trinkpartner und, wie andere Shandong-„哥们" (Brüder), halten wir uns an den Händen und teilen Intimitäten, die wir am nächsten Morgen oft vergessen, weil wir zu viel getrunken haben.[73]

Was die Internationalisierung betrifft, fand ich schließlich meine Nische, mit Unterstützung anderer Führungskräfte. Ich organisierte eine Sommerschule in Norwegen zum Vergleich ostasiatischer und nordischer Kulturen. Ich half Lehrern, Sabbaticals im Ausland zu verbringen, organisierte eine internationale Konferenz zum Vergleich alten indischen und alten chinesischen Denkens, schloss mehrere Kooperationsabkommen mit ausländischen Universitäten und ich lud Gastdozenten aus China und dem Ausland ein, die von riesigen Studentenmassen begierig empfangen wurden.

Dann kam Covid. Die Internationalisierung kam zum Stillstand. Das Beste, was ich in dieser Zeit tun konnte, war, das zu bewahren, was wir hatten – etwa durch hartnäckiges Drängen dafür zu sorgen, dass unsere ausländischen Lehrkräfte endlich wieder nach China einreisen durften.

Ich lernte auch, mich im System der kollektiven Führung besser zurechtzufinden, besonders bei internationalen Fragen, bei denen man mir (oft fälschlicherweise) besondere Expertise zuschrieb. In einem Fall, als zwei ausländische Studenten beim Kiffen erwischt wurden, plädierte ich für Milde. Ich gab zu bedenken, dass der Konsum von Marihuana an ausländischen Universitäten üblich sei, ohne jedoch meine eigene reiche Erfahrung als Student mit dem zu erwähnen, was wir „außerschulische Aktivitäten" nannten. Als ich die geringstmögliche Strafe von 500 RMB (78 US$) und eine Verwarnung vorschlug, stimmten die Kollegen zu, weniger aus Überzeugung denn aus Sorge um unseren internationalen Ruf.

Ein anderes Mal verlor ein ausländischer Kollege während eines Online-Kurses die Fassung, weil Studierende chatteten und seinen Vortrag unerlaubt aufzeichneten. Er fluchte live und beschimpfte die Studierenden. Daraufhin verfassten zwei Drittel von ihnen eine Petition, in der sie die Entlassung des Lehrers forderten. Eine Minderheit unterstützte ihn, der dafür bekannt war, streng zu sein, aber engagiert, vielleicht mehr als jeder andere Lehrer an unserer Fakultät. In dieser Krise, die auch den Parteisekretär auf den Plan rief, war meine Einschätzung gefragt. Bei allem Respekt befand ich, die Studierenden gingen zu weit (zumal der Lehrer ein lieber Freund von mir ist). Die Kollegen einigten sich auf einen aus meiner Sicht guten Kompromiss: Die Klasse sollte geteilt werden: die Petitionierenden bekämen einen anderen Lehrer, der Rest bliebe. Der Lehrer schrieb eine aufrichtige Entschuldigung, doch die Studierenden lehnten ab. Diejenigen, die die Klasse verließen, fürchteten Repressalien und argumentierten, dass eine Spaltung die Peer-Evaluierung erschwere, ein wichtiger Faktor für künftige KPCh-Mitglieder. Schließlich wurde eine formelle Sitzung einberufen, um eine für alle Seiten faire und akzeptable Lösung zu finden. Niemand forderte die Entlassung des Lehrers, aber manche wollten ihn für das laufende Semester vom Lehren ausschließen, verbunden mit einer formellen Ermahnung und einer Gehaltskürzung. Ich plädierte für eine „leichte" Strafe in Form des Entzugs dieses einen Kurses. Nach mehreren Diskussionsrunden setzte sich mein Vorschlag schließlich durch.

Darüber hinaus habe ich keinen großen Erfolg zu verbuchen. Ich bin meinen eigenen Erwartungen nicht gerecht geworden. Unsere Universität wird auf absehbare Zeit kein Modell einer konfuzianischen Hochschule sein und die Internationalisierung musste anderen Prioritäten weichen. Das eigentliche Problem war weder sprachlicher oder kultureller noch politischer Natur. Wer diesen Job machen will, muss jederzeit bereit sein, auch für vierstündige Sitzungen auf Zuruf. Mir fehlte dazu schlichtweg die Energie.[74]

Eine ideale Form der kollektiven Führung?
Trotz meiner persönlichen Misserfolge sehe ich die Vorzüge der kollektiven Führung als Institution. Ich behaupte nicht, dass die kollektive Führung in meiner Fakultät ideal

ist und erst recht nicht, dass unsere Arbeitsweise der kollektiven Führung jener des Ständigen Ausschusses des Politbüros entspräche (mangels Transparenz ist mir schlicht nicht bekannt, wie die Dinge auf höchsten Regierungsebenen funktionieren). Aber vielleicht lassen sich aus meiner eigenen Erfahrung einige Schlüsse ziehen, die auf die Arbeitsweise auch auf höheren Regierungsebenen übertragbar wären.

1. Harte Arbeit In meinem früheren Buch *The China Model* – veröffentlicht, bevor ich Dekan wurde – bezog ich mich auf akademische Studien, um Vorschläge zu machen, welche Eigenschaften im Kontext einer großen, friedlichen und modernisierenden politischen Meritokratie für öffentliche Amtsträger wichtig sind. Fazit: IQ, EQ und Tugend – im Sinne der Bereitschaft, der Öffentlichkeit zu dienen und öffentliche Gelder nicht für den eigenen Vorteil zu missbrauchen.[75] Heute sehe ich, was auf meiner Liste fehlte: die Fähigkeit zur harten Arbeit.[76] Ich empfinde tiefe Bewunderung für die Kolleginnen und Kollegen in meiner Fakultät, nicht nur wegen ihres überdurchschnittlichen IQ, EQ und ihrer Tugend, sondern auch weil sie unermüdlich für das Wohl der Fakultät arbeiten. Mein größter Fehler als Dekan war wohl, dass mir genau diese Fähigkeit – im Dienste anderer hart zu arbeiten – fehlte.

Welche Auswirkungen hat das auf die kollektive Führung auf höheren Regierungsebenen? Wenn alle Führungspersonen hart für das Gemeinwohl arbeiten, ist es wahrscheinlich, dass das System gut funktioniert. Umgekehrt gilt: Wenn einige faul sind oder nicht mehr als ihre Pflicht erfüllen, wie es in der Spätphase der Sowjetunion der Fall gewesen sein soll, gerät das politische System in Schwierigkeiten. In einem viel beachteten Kommentar im *Wall Street Journal* von 2015 prognostizierte der

China-Beobachter David Shambaugh „den kommenden Zusammenbruch Chinas", unter anderem, weil die politische Autorität „verknöchert" sei und „sogar viele Regimetreue nur ihre Pflicht erfüllten".[77] Meine Erfahrung mit der kollektiven Führung an der Shandong-Universität legt etwas anderes nahe, und die wenigen Beamten auf höheren Regierungsebenen, die ich kenne, arbeiten unermüdlich an Problemlösungen. Ich war die auffällige Ausnahme – und das ist einer der Gründe, optimistisch in Bezug auf die Zukunft des politischen Systems in China zu sein.

2. Bedenken hinsichtlich der Effizienz Unser Hauptproblem war, dass die Sitzungen der kollektiven Führung oft viel zu lange dauerten. Aber mehr Effizienz ist sowohl möglich als auch wünschenswert. Die Diskussionen sollten sich auf Probleme konzentrieren und nicht auf Berichte über bereits geleistete Arbeit. Smalltalk sollte minimiert, die Anzahl des Führungspersonals sollte begrenzt werden: Nach meiner Erfahrung spricht jede Person etwa fünfzehn Minuten, berücksichtigt man die weiteren Beratungen, so resultieren daraus extrem lange Sitzungen. Sieben oder acht Mitglieder sollten daher das Maximum sein, so hat jeder die Möglichkeit, aus seiner Perspektive etwas zur Lösung anstehender Probleme beizutragen. Ich weiß nicht, wie sich die Verhältnisse auf den höchsten Regierungsebenen darstellen, aber eine Zahl von sieben bis neun Mitgliedern im Ständigen Ausschuss des Politbüros scheint aus Effizienzgründen angemessen zu sein.

3. Ungleichheit ist gut Wenn alle Führenden einander vollkommen gleichgestellt sind, dürfte es schwierig werden, Entscheidungen zu treffen. Diskussionen ziehen sich unnötig in die Länge und unterschiedliche Standpunkte lassen sich schwer auflösen. Durch Mehrheitsentscheidung

statt informellem Konsens, kann es zu Abstimmungs-
fraktionen kommen. Dies führt zu Unzufriedenheit und
behindert die Entscheidungsfindung. Eine gewisse Arbeits-
teilung ist aus Effizienzgründen nötig. Wenn diese jedoch
auf starre Weise gleich verteilt ist und jede Person *de facto*
ein Vetorecht über Entscheidungen zu ihrem Bereich besitzt, lassen sich schwerlich komplexe Entscheidungen zum
Wohle des Ganzen treffen.

Es braucht einen „Ersten unter Gleichen", eine Person,
die in der Lage ist, verschiedene Perspektiven gegeneinan-
der abzuwägen und mit moralischer, nicht notwendigerweise formaler Autorität zu entscheiden. Ich muss beken-
nen, dass ich eine solche Integrations- und Führungsfigur
nicht war. Diese Rolle hat glücklicherweise unser geschäftsführender Dekan verkörpert – als ein guter Zuhörer, der andere sanft zu einem Konsens bewegen konnte.
Er verfügte über umfangreiche Erfahrung und ein großes
Netzwerk an der Universität, das ihm vertraute und sein
Urteil schätzte.

In ihrem viel zitierten Aufsatz „Getting Ahead in the
Communist Party" argumentieren Victor Shih u. a., dass
die Auswahl von Mitgliedern des Zentralkomitees nicht
meritokratisch erfolge und statt auf objektiven Kompe-
tenzen – wie der Fähigkeit, das Wirtschaftswachstum zu
fördern – eher auf subjektiven Faktoren wie „Fraktions-
zugehörigkeit" beruhe.[78] Doch der Maßstab für politische
Meritokratie kann auf den jeweiligen Regierungsebenen
legitimerweise unterschiedlich sein. Auf den unteren Ebenen sind objektive Leistungskriterien zentral. Auf höheren Ebenen hingegen ist es entscheidend, dass eine Person
im Zuge ihres jahrzehntelangen Aufstiegs zur Macht ein
breites Netzwerk von vertrauenswürdigen Mitstreitern geschaffen hat, um mit deren Unterstützung als „Erster unter
Gleichen" in einem System kollektiver Führung überge-
ordnete Entscheidungen zum Wohl der Gemeinschaft

durchsetzen zu können. Wenn ich bei Vorträgen über politische Meritokratie in China gefragt werde, warum gerade Präsident Xi und nicht ein anderer hochkompetenter Politiker zum Staatschef wurde, antworte ich, halb im Scherz, „朋友多" – er hat viele Freunde.[79]

4. Freie Meinungsäußerung und kritische Stimmen Ein klarer Vorteil kollektiver Führung liegt in der Vielfalt der Perspektiven, die in den politischen Entscheidungsprozess einfließen. Doch das funktioniert nur, wenn die oberste Führungsperson bereit ist, diese Perspektiven auch zu berücksichtigen. Damit kollektive Führung funktioniert, sollten alle Beteiligten sich frei fühlen, Widerspruch zu äußern.

Kein Mensch, und sei er noch so brillant, kann sämtliche Belange einer modernen, komplexen Gesellschaft wie China überblicken. Fehleinschätzungen sind unausweichlich. Daher haben andere Mitglieder der kollektiven Führung die Pflicht, falsche Annahmen zu benennen, insbesondere wenn sie vom „Ersten unter Gleichen" stammen. Konfuzius selbst wurde einmal gefragt, was den Staat zerstören würde. Seine Antwort: „Wenn ein Herrscher unzureichend ist – und niemand ihm widerspricht."[80]

In meiner Fakultät bin ich froh, sagen zu können, dass unser Entscheider-in-Chief tatsächlich ein guter Zuhörer ist, der bereit ist, Kritik anzunehmen und seine Meinung zu ändern. Deshalb blicke ich zuversichtlich auf die Zukunft unserer Fakultät.

Für die obersten Regierungsebenen bin ich allerdings weniger optimistisch. Stellen die anderen sechs Mitglieder des Ständigen Ausschusses tatsächlich alternative Szenarien zur Diskussion. Kritisieren Sie Präsident Xi, wenn sie über politische Vorschläge beraten? Ich hoffe es, aber es bleibt eine blinde Hoffnung. In den offiziellen Medien wird Präsident Xi als allwissender Herrscher dargestellt, der große intellektuelle Beiträge zur politischen Theorie und zur Wirtschaft geleistet hat. Das lässt Zweifel an offener Diskussion aufkommen. Angesichts jüngster außenpolitischer Fehltritte folgerte ein prominenter Analyst, dass Xi inzwischen wohl von einer „Gruppe von Jasagern" umgeben sei.[81]

Besorgniserregend ist auch, dass Xi eine Vorstellung vom guten Leben – harte Arbeit und Dienst am Gemeinwohl – als verbindlich durchzusetzen versucht, die für patriotische Amtsträger angemessen sein mag, nicht aber für Künstler und Intellektuelle, die sich legitimerweise durch andere Vorstellungen vom Guten motiviert sehen, wie den Wunsch, ästhetische Werke zu schaffen.[82]

Im kaiserlichen China gab es kein System kollektiver Führung, aber zwei Hofhistoriker (使馆), die dafür zuständig waren, einerseits die Handlungen, andererseits die Worte des Kaisers zu dokumentieren, und so als informelle Kontrollinstanz der kaiserlichen Macht fungierten. Bei allen Entscheidungen wusste der Kaiser, dass seine Worte und Taten für die Nachwelt aufgezeichnet würden.[83] Zeitgenössische Äquivalente dazu sind leicht vorstellbar – so könnten die Beratungen des Ständigen Ausschusses gefilmt und in fünfzig Jahren öffentlich zugänglich gemacht werden. Solche Mechanismen könnten den Präsidenten dazu anhalten, seine eigenen Grenzen anzuerkennen, andere Perspektiven ernst zu nehmen und seine Kollegen darin zu bestärken, widersprechende Ansichten und Vorschläge offen zu vertreten. Aber auch das bleibt vorerst eher eine blinde Hoffnung …

4

Was ist falsch an Korruption?

In China gilt Korruption als die Mutter aller politischen Übel. Aus konfuzianischer Sicht besteht das beste Leben darin, der Gemeinschaft als öffentlicher Beamter zu dienen, das schlimmste Leben hingegen im Missbrauch öffentlicher Gelder für private oder familiäre Zwecke. Solche Ideen haben Geschichte geschrieben. Warum brach die Ming-Dynastie zusammen? Warum die Qing-Dynastie? Es gibt viele Gründe, aber das explosive Wachstum der Korruption spielte eine zentrale Rolle dabei, die Legitimität dieser lang anhaltenden Dynastien zu untergraben. Und warum besiegte die Kommunistische Partei Chinas (KPCh) die Kuomintang (KMT) im chinesischen Bürgerkrieg? Nicht wegen überlegener Bewaffnung, sondern weil es der KPCh gelang, die Unterstützung der Bevölkerung zu gewinnen, vor allem weil sie als weniger korrupt und volksnäher galt. Natürlich müssen solche weitreichenden Behauptungen über die chinesische Geschichte qualifiziert werden. Historiker mögen über die Komplexität debattieren. Für die

© Der/die Autor(en), exklusiv lizenziert an Springer Fachmedien Wiesbaden GmbH, ein Teil von Springer Nature 2026
D. A. Bell, *Der Dekan von Shandong,*
https://doi.org/10.1007/978-3-658-50582-0_4

Führer der KPCh jedoch bestimmen solche (Interpretationen von) Fakten, was sie sagen und tun.

In den ersten drei Jahrzehnten der KPCh-Herrschaft war Korruption nicht das Hauptproblem. Millionen starben in von Menschen verursachten Hungersnöten und durch die grausame Verfolgung vermeintlicher Klassenfeinde. Doch politische Führer, einschließlich des Vorsitzenden Mao selbst, schienen eher machttrunken als geldgierig. Ab den späten 1970er Jahren jedoch machten marktbasierte Wirtschaftsreformen das Land reich, und öffentliche Beamte strebten eifrig nach einem Anteil.

Trotzdem machte das Land Fortschritte; Hunderte Millionen Menschen wurden aus der Armut geholt. Mit der Jahrtausendwende jedoch nahm die Korruption überhand. Umfragen zufolge wurde diese von der Öffentlichkeit als zentrales Problem wahrgenommen. Oft mussten Bestechungsgelder gezahlt werden, um Zugang zu guten Schulen oder anständiger medizinischer Versorgung zu erlangen. Besonders Menschen (d. h. die Mehrheit) ohne Vermögen oder politische Beziehungen empfanden das System als zutiefst ungerecht. Das heißt nicht, dass das gesamte System als unrettbar korrupt galt. Es gab „Inseln der Rechtschaffenheit", die als Grundlage für allgemeine Verbesserungen genutzt werden konnten.[84] Bemerkenswert war das nationale Prüfungssystem (高考 *gaokao*), das trotz seiner Mängel als relativ fairer und korruptionsfreier Weg zur Universität angesehen wurde. Auch mittlere bis hohe Beamte wurden als fähiger und weniger korrupt erachtet als solche auf unteren Ebenen. Deren Korruption war zumindest unmittelbarer sichtbar und somit direktes Zielobjekt des Volkszorns.

Chinas Führer erkannten offen an, dass die Korruption die öffentliche Meinung derart aufwühlte, dass die Legitimität des politischen Systems gefährdet war. Der ehemalige Präsident Hu Jintao warnte, die Korruption könne

„für die Partei tödlich sein und sogar zum Zusammenbruch der Partei und zum Sturz des Staates führen". Sein Vorgänger Jiang Zemin nannte sie „den Krebs im Körper der Partei und des Staates". Wenn wir sie gewähren lassen, seien unsere Partei, unsere politische Macht und unser sozialistisches Modernisierungsprojekt zum Scheitern verurteilt.[85] Entsprechende Anti-Korruptionskampagnen blieben jedoch halbherzig, und die Situation verschlimmerte sich weiter.

Als Xi Jinping 2012 das Präsidentenamt übernahm, hatte die Korruption einen Wendepunkt erreicht. Xi machte ihre Bekämpfung zur obersten Priorität der Regierung.[86] Es begann die längste und systematischste Anti-Korruptionskampagne in der Geschichte der Kommunistischen Partei. Bis 2018 wurden mehr als eine Million Beamte wegen Korruption bestraft, darunter hochrangige Militärs, leitende Manager von Staatsunternehmen und fünf nationale Führer. Zyniker behaupten, die Kampagne diene in Wahrheit der Ausschaltung politischer Gegner. Doch was diese Anti-Korruptionskampagne von früheren unterscheidet, ist, dass sie auch viele politische Feinde schuf, was aus der Sicht der politischen Selbstsicherung irrational erscheint.

Was auch immer die Motivation war, die Wirkung ist klar: Die Anti-Korruptionskampagne hatte Erfolg.[87] Wer mit öffentlichen Beamten zu tun hatte, konnte die Veränderung bemerken: Korruptionspraktiken wurden nun allgemein missbilligt. Die Unternehmensgewinne stiegen, weil keine Extras mehr an öffentliche Beamte gezahlt werden mussten. Bürger empfanden das System als weniger unfair, weil öffentliche Dienstleistungen nun ohne Bestechung und Geschenke zugänglich wurden. Am überraschendsten ist, dass der Erfolg der Kampagne ohne jene Kontrollmechanismen zustande kam, die in liberalen Demokratien Machtmissbrauch begrenzen: freie Wahlen,

Pressefreiheit und unabhängige Anti-Korruptionsbehörden. Chinas leninistisch geprägtes System schließt solche Instrumente aus und erlaubt Missstände wie unbefristete Haft ohne Gerichtsprozess.

Doch der Leninismus ist nicht die ganze Geschichte. Die Kampagne verdankte viel auch der eigenen legalistischen Tradition Chinas (法家 *fajia*). Im Gespräch mit Beamten – auch hochrangigen – wird der Legalismus häufig zur Rechtfertigung der Anti-Korruptionskampagne herangezogen. Legalismus bedeutet nicht Herrschaft *des* Gesetzes (Rechtsstaatlichkeit), sondern Herrschaft *durch* das Gesetz und ist Chinas Alternative zur „konfuzianischen Barmherzigkeit". Sie versteht eine starke Staatsmacht und harte Strafen als Voraussetzung sozialer Ordnung. Wenn ihre Macht oder die gesellschaftliche Ordnung bedroht schienen, griffen Pekings Herrscher stets zu legalistischen Methoden.

Dies hat funktioniert, zumindest kurzfristig. Der selbsternannte Erste Kaiser von Qin vereinte China im späten 3. Jahrhundert v. Chr. mithilfe legalistischer Methoden. Aber das Qin-Reich hielt nur fünfzehn Jahre – die kürzeste große Dynastie in der chinesischen Geschichte – und Kaiser Qin ging als grausamer Diktator in die Geschichte ein. Die Risiken eines gleichsam „Leninistischen Legalismus" zeigen sich auch in Chinas heutiger Anti-Korruptionskampagne. Beamte denken nicht nur zweimal nach, bevor sie sich auf korrupte Praktiken einlassen – sie denken ständig darüber nach, was schiefgehen könnte. Entscheidungsprozesse sind gelähmt. Die Vorschriften zur Verwendung öffentlicher Gelder sind verwirrend komplex und restriktiv, da ist es sicherer, kein Geld auszugeben.

Das bringt enorme und steigende Kosten mit sich. Chinas wirtschaftlicher Erfolg der letzten vier Jahrzehnte beruhte teilweise auch auf Regierungsbeamten, die zum Experimentieren und zur Innovation ermutigt wurden; Sie haben Chinas Reformen mit vorangetrieben. Heute gilt: Auch allzu vorsichtiges Verhalten ist erwünscht. Entsprechend bleiben innovationsfreudige Beamte auf der Strecke und Probleme werden nicht behoben.[88]

Die Corona-Krise hat gezeigt, wie tödlich eine solche Lähmung sein kann. Hunderte starben, weil Beamte nicht schnell genug auf die Krise reagierten. Stattdessen wurden lokale Beamte, die „Whistleblower", die Ende Dezember 2019 vor einem mysteriösen SARS-ähnlichen Virus warnten, zum Schweigen gebracht, am bekanntesten Dr. Li Wenliang, der zwei Monate später im Alter von vierunddreißig Jahren an dem tödlichen Virus starb. Dr. Lis Tod löste eine Welle der Empörung in den sozialen Medien aus. Wenn früher der korrupte Beamte das Feindbild der chinesischen Öffentlichkeit war, so ist es heute der untätige Bürokrat, der blind an den Regeln festhält und nur seine Vorgesetzten zufriedenstellen will.

Ebenso problematisch ist, dass die Anti-Korruptionskampagne viele politische Feinde auf den Plan gerufen hat, die auf eine Schwäche der Führung, wenn nicht auf den Sturz des ganzen politischen Systems hoffen. Zu jedem hochrangigen Beamten, der durch die Kampagne zu Fall gebracht wurde, gibt es Dutzende Verbündete und Untergebene, die ihre Karrierechancen in einem ultrakompetitiven, jahrzehntelangen Rennen um politische Spitzenpositionen verfehlen. Diese „Verlierer" werden Chinas Führung dafür die Schuld geben. Das wiederum lässt die Machthaber noch paranoider werden. Die Folge: noch mehr Zensur, noch mehr Einschränkungen der bürgerlichen und politischen Rechte. So sind es nicht nur die politisch Ausgestoßenen, die sich dem System entfremden, sondern auch Intellektuelle und Künstler sowie Geschäftsleute, die sich um die politische Stabilität sorgen und ihr Vermögen ins Ausland bringen.

Mit wachsender Unzufriedenheit in den Eliten verschärft die Führung ihre Kontrolle über potenzielle Dissidenten. Sie weiß, ihre Gegner warten nur auf einen Moment der Schwäche, umso mehr halten sie an ihrer Macht fest. Ältere Führer, die bald „Karl Marx besuchen" werden, sorgen sich vor allem um das Schicksal ihrer Kinder. So entsteht ein Teufelskreis aus legalistischer Strenge und politischer Repression. Ironischerweise könnte die effizienteste Kampagne gegen Machtmissbrauch in der jüngeren chinesischen Geschichte auch dazu geführt haben, dass die Führer der Kampagne ihre eigenen Machtgrenzen aufgehoben haben (etwa Amts- und Altersgrenzen).

Als ich im Januar 2017 meine Stelle als Dekan übernahm, war die Anti-Korruptionskampagne auf ihrem Höhepunkt. Ich unterstützte sie damals voll. Ein Freund scherzte, ich hätte die „guten alten Tage der Korruption" verpasst. Seinerzeit hätte ich Gäste zu üppigen Mahlzeiten einladen können, mit exklusivem 白酒 *bai jiu* (weißen Likör), Karaoke mit schönen Hostessen und eigenem Chauffeur, alles auf Staatskosten. Doch realistisch betrachtet wäre ein Posten mit solchen Privilegien einem ausländischen Staatsbürger wohl ohnehin nicht angeboten worden.

Die Anti-Korruptionskampagne war notwendig. Und was mich betraf, so konnte ich mich nicht beschweren. Nach chinesischen Maßstäben erhielt ich ein gutes Gehalt, eine subventionierte Wohnung mit Meerblick direkt neben unserem wunderschönen neuen Campus. Ich hatte freundliche Kollegen, die mich unterstützten.

Dennoch erlebte ich bald die Kehrseite der Kampagne. Trotz offizieller Rhetorik gegen „bürokratischen Formalismus" wurden die Regeln, auch des alltäglichen Lebens, strenger. So etwa wurde mir vor meinem Amtsantritt ein großes Büro zugesagt. Aber inzwischen waren die Büros der Universitätsdekanate streng durch Vorschriften der Zentralregierung begrenzt: Aus irgendeinem bürokratischen Grund waren sie sogar kleiner als die einiger Professoren. Ich machte mir keine allzu großen Gedanken, die meisten meiner Bücher, die wirklich Platz einnehmen, befanden sich ohnehin zu Hause. Besucher meiner Fakultät jedoch waren oft irritiert. Manchmal wich ich in größere öffentliche Büros aus oder in die Universitätsbibliothek – die flächenmäßig größte Bibliothek Asiens mit Blick auf Meer, Berge und Campus. Ausländischen Gästen musste ich den politischen Kontext der Anti-Korruptionskampagne erklären und darauf hinweisen, dass das Büro unseres Parteisekretärs nicht größer war als meines.

Richtig nervig wurde der übermäßige Legalismus beim Ausrichten der Mahlzeiten. Wir durften nicht mehr als 98 RMB (etwa 15 US$) pro Person ausgeben. Wir mussten den Namen jedes bestellten Gerichts aufschreiben und Alkohol privat bezahlen. Ich hatte keine Universitäts-Kreditkarte für die Einladung von Gästen, und oft war unklar, ob ich für die Abrechnung unterschriftsberechtigt war. Die Mahlzeiten wurden zu einer bürokratischen Pflichtübung, geradezu das Gegenteil der geselligen Treffen, wie es sie in den „korrupten Tagen" einmal gegeben hatte. Ich begann, seltener Einladungen auszusprechen – wie viele Kollegen, die lieber den Kopf unten hielten.

Schlimmer noch: Die politische Paranoia griff in unsere akademische Arbeit über. Nicht nur wurden Beamte konservativer und risikoscheuer. Immer mehr politikwissenschaftliche Themen wurden als politisch sensibel eingestuft, der Raum für akademische Forschung verengte sich. Liberal gesinnte Kollegen mussten neue Themen finden. Selbst scheinbar harmlose „pro-chinesische" Projekte waren tabu. Wie meine geplante internationale Konferenz zum Konzept *„tianxia"* – ein in der chinesischen Tradition verwurzeltes Ideal der globalen Governance –, die in letzter Minute vom Bildungsministerium verboten worden war. Ich musste mich bei unseren geladenen Gästen aus dem Ausland entschuldigen, nur vage auf den Grund der Absage anspielend. In meiner Rolle, unsere Fakultät zu internationalisieren, war ich an die Mauern des politischen Systems gestoßen.

Im Rückblick war es vielleicht ein Fehler, fast ausschließlich auf legalistische Mittel zur Korruptionsbekämpfung zu setzen. Legalismus kann kurzfristig erfolgreich sein, langfristig jedoch droht, wie im Falle der Qin-Dynastie, der Niedergang. Die chinesische Geschichte zeigt andere Optionen auf, etwa eine Amnestie für korrupte Beamte. Zu Beginn der Anti-Korruptionskampagne plädierten Reformisten für eine solche Amnestie, verbunden mit der Trennung zwischen privatem und öffentlichem Bereich sowie der Chance auf einen Neuanfang. Um das Problem des 买官 *mai guan* (Kauf von Regierungsposten) zu lösen, hätten öffentliche Posten nach Erreichen bestimmter Qualifikationen per Losverfahren verteilt werden können, wie seinerzeit unter Kaiser Wanli. Doch dafür ist es zu spät.

Was noch bleibt, ist ein Kurswechsel. Vizepräsident Wang Qishan – der Leiter der Anti-Korruptionskampagne – erklärte, die Kampagne müsse von einer anfänglichen Abschreckungsphase zu einem Punkt übergehen, an dem Beamte gar nicht erst auf den Gedanken kommen, bei der Arbeit korrupt zu handeln. Die nächste Phase dürfe sich nicht nur auf die Angst vor Bestrafung stützen. Sie müsse auf Anreize setzen: eine klarere Trennung von wirtschaftlicher und politischer Macht und höhere Beamtengehälter.[89] Es spielt auch eine Rolle, was Beamte tun, wenn niemand hinsieht: Moralische Bildung in der konfuzianischen Tradition kann dazu beitragen, die Denkweise und innere Haltung langfristig zu ändern. Die Behörden sollten mehr Vertrauen in talentierte erfolgreiche Beamte setzen, die der Öffentlichkeit dienen. Jedes politische System muss ein Gleichgewicht finden zwischen der

Einschränkung, schlecht zu handeln, und der Ermächtigung, Gutes zu tun. In China muss das Pendel wieder in Richtung des Letzteren ausschlagen. Die Macht der obersten Führung mag zu wenig beschränkt sein, dafür gibt es zu viele Einschränkungen für alle anderen.

Glücklicherweise ebbte die Anti-Korruptionskampagne nach ein paar Jahren ab. Trotz des Wuhan-Debakels gab es Hoffnung. An meiner Universität wurde die Atmosphäre entspannter. Die Vorschrift entfiel, den Namen jedes Gerichts, das man bestellte, aufzulisten, um eine Erstattung für Fakultätsmahlzeiten zu beantragen. Zu ihrer großen Erleichterung durften Beamte in Shandong auf Staatskosten wieder Bier zum Essen bestellen. Ich habe nie gefragt, ob es diesbezüglich eine offizielle Änderung der Politik gab. Bankette wurden wieder angenehmer. Lehrergehälter stiegen. Das Vertrauen wuchs, die Angst schwand.

Landesweit gab es weniger Bestrafungen, aber mehr moralische Bildung für öffentliche Beamte. Hinzu kommt vermehrter Unterricht in konfuzianischen Werten an kommunistischen Kaderschulen. Mehr Vertrauen in die konfuzianische Selbstregulierung bezüglich der Korruption wird Chinas Führern weniger politische Feinde bescheren. So können sie sich verstärkt wieder dem widmen, wozu sie eigentlich da sind – nämlich, dem Volk zu dienen. Ob es bereits zu spät ist, das politische System zu retten, bleibt abzuwarten.[90]

5

Trinken ohne Grenzen

Konfuzius, wie auch Aristoteles, bevorzugte einen gemäßigten Lebensansatz: „Der Mittlere Weg ist die höchste Stufe der Tugend" (*Analects* 6.29). Mit einer bemerkenswerten Ausnahme: „nur in Bezug auf Alkohol setzte [Konfuzius] keine Grenzen" (*Analects* 10.8). Laut Edward Slingerland ist „die Tatsache, dass Konfuzius nach Herzenslust trinken konnte, aber nie ausgelassen wurde, ein Zeichen seiner Weisheit"[91]. Konfuzius war in seiner Selbstbeurteilung bescheidener. Er konnte „dem folgen, was [sein] Herz begehrte, ohne das zu übertreten, was richtig war", erst im Alter von siebzig Jahren (*Analects* 2.4), mit der Implikation, dass er vorher das Rechte überschritt, vielleicht nach ein paar Drinks zu viel.

Auf jeden Fall setzte Konfuzius das Modell für die konfuzianisch geprägten Menschen der Provinz Shandong. Formelle Bankette werden dort mit endlosen Toasts begleitet, und es gibt starken sozialen Druck, seine „Trinkfestigkeit" (酒量) zu demonstrieren. Nicht überraschend

D. A. Bell, *Der Dekan von Shandong,*
https://doi.org/10.1007/978-3-658-50582-0_5

hat Shandong den höchsten Pro-Kopf-Alkoholkonsum in China.[92]

Als Dekan wird von mir erwartet, Abendessen für Gäste sowie Lehrende und Studierende auszurichten. Einige dieser Abendessen sind formeller als andere, aber sie alle folgen demselben Ablauf: Als Hauptgastgeber sitze ich am „Kopf" eines runden Tisches mit Blick auf die Tür, während die Gäste entsprechend ihrem Rang in der sozialen Hierarchie um den Tisch platziert werden.[93] Das Essen wird von häufigen ritualisierten Toasts und humorvollen Reden begleitet. Nach einigen gemeinsamen Toasts gehen die lokalen Gastgeber (mich eingeschlossen) normalerweise um den Tisch und bringen mit jedem Gast individuelle Toasts aus. Daraus erwächst ein Gefühl von Bindung, gegen Ende des Abends lösen sich die sozialen Hierarchien auf. Ich gebe zu, dass dies der Lieblingsteil meiner „Arbeit" als Dekan war.

Natürlich hat starker Konsum von Alkohol seine Kehrseite. In weniger „zivilisierten" Gegenden von Shandong kommt es vor, dass dabei Gewalt gegen Frauen ausgeübt wird. In einem vielbeachteten Fall in Jinan wurde ein Manager bei Alibaba beschuldigt, eine betrunkene Mitarbeiterin sexuell belästigt zu haben.[94] Untergebene fühlen sich oft unter Druck gesetzt, bis zur Bewusstlosigkeit zu trinken: Wenn der „Chef" zuprostet, kann es schwerfallen, abzulehnen. In meinem Fall übe ich keinen solchen Druck aus. Einige Menschen vertragen keinen Alkohol und andere trinken schlicht nicht gern.

Aber der soziale Druck kann auch selbstinduziert sein. So etwa lade ich meine Doktoranden bei besonderen Anlässen zu feierlichen Mahlzeiten ein. Einer meiner Studenten verträgt jedoch keinen Alkohol und fühlt sich deshalb in der Gemeinschaft unwohl. Auch wenn ich ihm sage, dass es keine Rolle spielt mitzuhalten, versucht er es trotzdem mit vorhersehbar unerfreulichem Ergebnis. Immerhin scheint er „Fortschritte" zu machen insofern, als er nun ein paar Shots trinken kann, ohne ohnmächtig zu werden, wobei ich mir nicht sicher bin, ob das ein Fortschritt ist, auf den man stolz sein sollte.

Insgesamt hat sich der Umgang mit Alkohol zum Besseren gewandelt. Shandong ist zwar nach wie vor der patriarchalischste Teil Chinas, doch im Universitätsmilieu genießen Frauen heute größeren Respekt. Niemand wird mehr zum Trinken gezwungen. Bei formellen Banketten ist es akzeptiert, den feurigen „weißen Schnaps" (白酒) durch Wasser zu ersetzen und damit mit den „echten" Trinkern anzustoßen. Bankette enden ohne Zwischenfälle, was früher durchaus nicht immer der Fall war. Als ich vor etwa zwei Jahrzehnten erstmals in die Provinz Shandong kam, nahm ich als Gast an einigen Banketten teil. Ich war schockiert, als ich von stark betrunkenen Gastgebern zurück ins Hotel gefahren wurde. Ich schätze mich glücklich, heute noch am Leben zu sein. Viele Opfer von Trunkenheit am Steuer hatten dieses Glück nicht. Die Menschen ignorierten damals routinemäßig und wider besseres Wissen die Grenzwerte für Alkohol im Straßenverkehr. Heute hingegen gibt es ein mächtiges Verbot gegen alkoholisiertes Fahren, auch ohne besondere Polizeipräsenz. Uns muss niemand mehr daran erinnern, dass es falsch ist. Was ist passiert? Um dies besser zu verstehen, lassen Sie uns in der Zeit zurückgehen.

Trunkenheit am Steuer in Peking

Eines von Chinas weniger bekannten Wundern ist, dass sich die Fahrkultur innerhalb weniger Jahrzehnte von chaotisch zu anständig, wenn nicht gar zivil, entwickelt hat. In den 1990er Jahren war es noch üblich, in der Hauptstadt Autos zu sehen, die ungebremst über rote Ampeln rasten. Es brauchte die Präsenz menschlicher Autoritätspersonen – sprich: Polizisten –, die den Verkehr regelten, was wiederum die Verkehrssignale nahezu überflüssig machte. Denn die traditionelle Gewohnheit, Menschen zu vertrauen, aber nicht der Technologie, musste in einer sich rasant modernisierenden Gesellschaft erst noch abgelegt werden. Autos wechselten fast nach Belieben die Fahrspur; Radfahrer und Fußgänger setzten ihr Leben aufs Spiel, wenn sie unterwegs waren. Die schlimmsten Übeltäter aber waren schicke Autos mit Regierungskennzeichen. Sie missachteten das Gesetz straffrei und brachten damit die Einheimischen gegen sich auf. Ausgerechnet Polizeiautos, die eigentlich die Regeln durchsetzen sollten, boten das beste Beispiel dafür, wie man sie bricht.

Die Lage hatte sich verbessert, als ich 2004 nach Peking zog. Die Fahrer hatten mehr Praxis und hielten an Ampeln. Der Verkehr war zwar immer noch schlimm und der Himmel blieb durch Smog vernebelt, aber gerade deshalb war schnelles Fahren unmöglich (mein Mitleid mit den Ferraris, die im Stau steckten, hielt sich in Grenzen). Ein paar Jahre später, im Zuge von Präsident Xis Anti-Korruptionskampagne, mussten Beamte in bescheideneren Autos fahren und sich an die Verkehrsregeln halten. Polizisten (ich habe noch keine Polizistin gesehen) taten, was sie tun sollten. Überwachungskameras an großen Kreuzungen fotografierten die Kennzeichen von Regelbrechern, und die Fahrer wurden merklich vorsichtiger.

Was sich jedoch nicht änderte, war die Gewohnheit, nach Alkoholkonsum Auto zu fahren. Es blieb üblich und man machte kaum Anstalten, es zu verbergen, obwohl allen klar war, dass es nicht in Ordnung war. Dennoch wurde auch dieses Problem in den letzten Jahren unter Kontrolle gebracht. Wie war das möglich? Die sozialistische Tradition und die leninistische Politik bieten hier nicht viel Hilfe. Wir müssen zurück zu Chinas größtem politischen Theoretiker Xunzi (3. Jh. v. Chr.), um einige Einblicke zu gewinnen.

Xunzi gilt allgemein als einer der drei Gründungsväter des Konfuzianismus (neben Konfuzius und Mencius). Wegen seines vermeintlichen Einflusses auf die Legalisten war er in Verruf geraten, doch seine Ideen prägten die reale Politik der ostasiatischen Gesellschaften stark. Seine Schriften sind klar und systematisch, und er vermeidet bewusst utopische Annahmen über die menschliche Natur.

Tatsächlich beginnt er mit der Annahme, dass „die menschliche Natur zur Schlechtigkeit neigt" (Kap. 23).[95] Gibt der Mensch seinen körperlichen Neigungen nach, sind Aggressivität und Ausbeutung die Folge, was zu Tyrannei und Armut führt (Kap. 19). Glücklicherweise ist das nicht das Ende der Geschichte. Der Mensch kann „durch bewusste Anstrengung gut werden" (Kap. 23). Er kann lernen, seine natürlichen Begierden zu zügeln und die Vorteile eines friedlichen, kooperativen Miteinanders zu genießen.

Der Schlüssel zur Transformation ist das Ritual (Kap. 23).[96] Durch die Teilnahme an Ritualen lernen die Menschen Selbstbeherrschung. Ihre Wünsche passen sich den in der Gesellschaft verfügbaren Gütern an, was zu sozialem Frieden und materiellem Wohlstand führt (Kap. 19). Rituale schaffen Bindungen, die über Verwandtschaft hinausgehen, und ermöglichen allen Menschen die Teilhabe am sozialen Leben.

Aber was genau ist ein Ritual? Xunzi beschreibt sieben Merkmale des Rituals: (1) Es ist eine soziale Praxis (im Gegensatz zu Praxen, die nur eine Person betreffen); (2) es ist in der Tradition verankert (im Gegensatz zu neu erfundenen sozialen Praktiken); (3) es umfasst Emotionen und Handeln (im Gegensatz zum bloßen Lippenbekenntnis zu sozialen Normen; ein „leeres Ritual" ist in Xunzis Sinne kein Ritual); (4) es bindet verschiedene soziale Gruppen ein und schafft Gemeinschaft zwischen Menschen von unterschiedlichem Status, zwischen Mächtigen und Schwachen (im Gegensatz zu sozialen Praktiken, die nur eine gesellschaftliche Klasse betreffen); (5) es ist veränderbar, wenn der soziale Kontext es erfordert (im Gegensatz zum starren Festhalten an Praxen, die ihre Bedeutung verloren haben); (6) es ist gesellschaftlich legitimiert (im Gegensatz zu Praktiken, die von der Gesellschaft nicht gebilligt werden, wie Blutschwüre zwischen kriminellen Banden); und (7) es ist nicht zwingend (im Gegensatz zu gesetzlicher Strafe).[97]

Die beste Gesellschaft wird, so Xunzi, vor allem durch Rituale reguliert und von einem „humanen König" (王 *wang*) geführt – einem Herrscher, der die Herzen des Volkes gewinnt und Beamte nach Fähigkeiten und Tugend auswählt. Im Innern des Landes ist der richtige Gebrauch von Ritualen, verbunden mit wirksamer Politik, die Frieden und Wohlstand sichert, der Schlüssel zum Erfolg einer Herrschaft: „Wer das Ritual pflegt, wird ein humaner König; wer die Regierung wirkungsvoll ausübt, wird stark" (Kap. 9).

Ein gutes Vorbild im eigenen Land zu sein, ist dabei notwendig, aber nicht ausreichend. Der humane König kann auch im Ausland Herzen gewinnen, indem er zwischenstaatliche Rituale institutionalisiert: „Wenn du die Ordnung zwischen kleinen und großen, starken und schwachen Staaten beachtest, um sie sorgsam zu bewahren, dann müssen die Rituale und Bräuche besonders diplomatisch sein, die Jadetafeln sollten besonders glanzvoll und die Geschenke reich sein. Die Gesandten sollten Herren sein, die elegant schreiben und weise sprechen. Wenn sie die Interessen der Menschen im Herzen tragen, wer wird dann böse auf sie sein?" (Kap. 10). Xunzi, der politische Realist, erkennt jedoch an, dass solche humanen Herrscher selten sind.

Die zweitbeste Form des Staates wird von einem „Hegemon" (霸 *ba*) geführt, der zwar keine vollkommene

Tugend besitzt, aber durch klare und konsistente Gesetze und Befehle regiert und so das Vertrauen der Menschen im eigenen Land und der Verbündeten im Ausland gewinnt:

„Auch wenn die Tugend noch nicht in idealer Weise verwirklicht ist und die Normen noch nicht vollständig erfüllt sind, so gilt doch: Wenn die für alle gültigen Grundprinzipien weitgehend gefestigt sind, dann sind Strafen und Belohnungen allgemein bekannt und alle Minister wissen, was von ihnen erwartet wird. Sobald administrative Befehle klar ergehen, betrügt niemand das Volk; sobald Verträge besiegelt sind, wird niemand seine Partner täuschen, selbst wenn Möglichkeiten persönlicher Bereicherung locken. Wenn all dies der Fall ist, werden die Truppen stark, die Städte wehrhaft sein und feindliche Staaten in Ehrfurcht erzittern. Sobald offenkundig ist, dass die Staaten geeint stehen, werden die Verbündeten Vertrauen fassen. ... Dies ist die Erlangung der Hegemonie durch die Festigung strategischer Zuverlässigkeit (Kap. 11)“.

Die schlechteste Form von Staat wird von einem Tyrannen geführt, der jeglicher Tugend entbehrt und das Schwert als Mittel benutzt, um Menschen im Inland wie im Ausland Angst zu machen. Er stützt sich auf militärische Macht, um sein Territorium zu erweitern, und hält die Bevölkerung mit harten Gesetzen und Strafen in Schach. Laut Xunzi wird „die Methode, die auf roher Kraft basiert, in eine Sackgasse führen“ (Kap. 16) und der Tyrann wird unweigerlich ein schlechtes Ende nehmen.

Kurz gesagt: Je mehr sich ein Herrscher auf informelle Rituale stützt, um Gemeinschaftsgefühl und soziales Vertrauen zu erzeugen, desto erfolgreicher und beständiger wird der Staat sein und desto besser wird es den Menschen gehen. Je stärker sich ein Herrscher hingegen auf Gesetze und Befehle verlässt, um die Menschen zu ängstigen und voneinander zu isolieren, desto größeren Bedrohungen wird der Staat im In- und Ausland ausgesetzt sein und desto mehr wird die Bevölkerung leiden.

Doch selbst der erfolgreichste Staat unter einem humanen König kann nicht gänzlich ohne Gesetz auskommen. Es besteht stets die Gefahr, dass Menschen den schlechten Tendenzen der menschlichen Natur erliegen. Auch der weise König braucht daher Gesetze und Strafen, um solchen Fällen zu begegnen:

„Vergiss deine eigene Person unten, vergiss deine Familie in der Mitte, und vergiss deinen Herrn oben – das ist etwas, das Gesetze und Strafen nicht verzeihen werden, etwas, das der weise König nicht billigen wird" (Kap. 4).

Der humane König wird sein Möglichstes tun, um die Natur der Menschen durch informelle Rituale zu veredeln. Wenn das jedoch nicht gelingt, braucht es Gesetze, um Verstöße gegen sie zu ahnden. Ein zeitgenössisches chinesisches Sprichwort fasst Xunzis Sicht auf das Verhältnis zwischen Gesetz und Ritual zusammen: „先礼后兵 *xian li hou bing*" – wörtlich: „zuerst das Ritual, dann die (militärische) Kraft". Sinngemäß: Es ist am besten, zunächst informelle Mittel wie Rituale zu nutzen, um sozialen Frieden zu schaffen und sozial vorteilhafte Ergebnisse zu erzielen. Wenn das nicht gelingt, darf als zweite – oder letzte – Option gesetzlich gestützte Strafe angewendet werden.

Zurück zum Fall der Trunkenheit am Steuer: Auch vor fünfzehn Jahren verteidigte niemand diese Praxis offen. Insgeheim wussten alle, dass sie falsch war. Aber sie war so verbreitet, dass es fast unhöflich gewesen wäre, in chinesischen Restaurants keinen feurigen weißen Schnaps (白酒 *bai jiu*) zu servieren[98] – je stärker, desto besser. Die Trunkenheit der Autofahrer und deren vorhersehbar katastrophale Folgen nahm man in Kauf.

Alarmiert durch Daten, wonach rund 20 % der schweren Verkehrsunfälle alkoholbedingt waren, beschloss die

Regierung, gegen die verbreitete Trunkenheit am Steuer vorzugehen. Nachdem Bildungskampagnen wirkungslos geblieben waren, richteten die Behörden fast über Nacht vermehrt stichprobenartige Alkoholkontrollen ein. Anfangs waren die Strafen mild: Geldstrafen und vorübergehender Führerscheinentzug. Als auch das kaum half, folgten eine Null-Promille-Regel, verschärfte Strafen wie Gefängnis, Fahrverbot und Prüfungen der Fahrtüchtigkeit. Die Angst wirkte. Und schließlich änderte sich auch die Einstellung. Fahren unter Alkohol wurde allgemein missbilligt. Die Zahl der Verkehrstoten durch Trunkenheit sank deutlich.[99] Heute sind Kontrollen selten und fast überflüssig geworden, weil soziale Ächtung und Selbstregulierung greifen. Fahrer lassen sich abholen oder engagieren die wartenden „Kofferradfahrer" vor den Restaurants.

Kurz gesagt: Zunächst setzte die Regierung auf informelle Regulierung, also Aufklärung und „Ritual". Als das nicht funktionierte, griff sie zu harten Strafen, um Normen durchzusetzen, von deren Nutzen die Menschen eigentlich wussten. Als sich die Lücke zwischen Norm und Praxis daraufhin geschlossen hatte, setzte eine moralische Selbstregulierung ein, jedoch ohne auf die Gesetze vollständig zu verzichten, die als letzte Kontrollinstanz dienten. Genau, wie Xunzi es empfohlen hätte: Am besten verlässt man sich auf informelle Regulierungsmittel gegen die egoistische Natur, und wenn das nicht funktioniert, nutze man den starken Arm des Gesetzes.[100]

Ich gestehe, dass mich diese Gedanken nicht nur theoretisch beschäftigen. Kurz nach meiner Ankunft in Peking bestand ich eine Fahrprüfung mit strengen Warnungen vor Alkohol am Steuer. Ich stimmte ihnen zu. In der Praxis fuhr ich dennoch oft nach ein paar Drinks und hielt dies für keine große Sache. Schließlich, verdientermaßen, wurde ich erwischt.

Eines Abends, vor mehr als zehn Jahren, gingen meine damalige Frau und ich mit einem befreundeten Journalisten einer führenden britischen Zeitung in ein thailändisches Restaurant. Wir besaßen das Restaurant mit einigen Freunden und hatten dort einen privaten Raum. Das Gespräch floss frei, mit offener politischer Diskussion über Chinas Gegenwart und Zukunft. In meinen hochtrabenden Momenten sah ich das Restaurant als unseren Beitrag zur chinesischen Zivilgesellschaft, ähnlich den Wiener Cafés zu Beginn des 20. Jahrhunderts und den „existenzialistischen Cafés" im Paris der 1950er Jahre. Ich arbeitete nicht für das Restaurant, aber es fühlte sich gut an, es jeden Freitagnachmittag aufzusuchen und dort von einem Kellner begrüßt zu werden, der dann einen doppelten Gin Tonic zubereitete.

An diesem besonderen Abend trank ich nicht viel: den üblichen Gin Tonic, gefolgt von einer Flasche Wein, die wir zu dritt teilten. Am Ende des Abends bot ich an, unseren Freund nach Hause zu fahren.

Auf dem Weg wurden wir von der Polizei angehalten, die mir einen Alkoholtest gab. Es war die Anfangszeit der Kampagne gegen Trunkenheit am Steuer, und ich wusste nichts von solchen zufälligen Kontrollen. Ich fiel durch den Test. Überrascht stieg ich aus dem Auto und bat um einen weiteren Test. Wie konnte ich durchfallen, wenn ich „nur" einen (doppelten) Gin Tonic und ein paar Gläser Wein über drei Stunden verteilt getrunken hatte? Dieses Mal fiel ich mit Bravour durch. Der Polizist grinste, und ich wusste, dass ich verloren hatte. Er sagte, dass er meinen Führerschein einziehen müsste. Ich flehte: „Gibt es einen anderen Weg?" (有没有别的办法?) und nahm einen unschuldigen, hilflosen Ausdruck an. Der Polizist nahm meinen Führerschein und vermittelte mir einen bezahlten Fahrer, der mein Auto heimfuhr. Ich musste eine

Strafe von 500 RMB (etwa 60 US$) zahlen und durfte drei Monate lang nicht fahren.

Ich kehrte zu meinem Auto zurück – auf dem Beifahrersitz – und erzählte unserem Journalistenfreund, was passiert war. Er zeigte sich beeindruckt von Chinas Rechtsstaatlichkeit. Er hatte bemerkt, dass eine Kamera meine Interaktion mit dem Polizisten gefilmt hatte, was der Möglichkeit einer Bestechung entgegenwirkte. Zuvor hatte er fünf Jahre aus Indien berichtet und meinte, dass es dort unwahrscheinlich gewesen wäre, dass ein Ausländer wegen eines Verkehrsverstoßes angehalten worden wäre (es gebe immer noch das, was er ein „Privileg des weißen Mannes" nannte).

Ein paar Tage später schrieb unser Freund in seiner Zeitung einen Artikel über den Vorfall, um den überraschenden Punkt zu machen, dass die Rechtsstaatlichkeit in China (manchmal) sicherer zu sein scheine als in Indien. Der Artikel verbreitete sich in der ausländischen Community Pekings und mehrere meiner Freunde schrieben mir dazu. Ich wurde nicht namentlich genannt, aber der Text enthielt Details, die in meine Richtung wiesen (wie viele ausländische Akademiker besitzen Restaurants in Peking?). Ich lachte es weg.

Eine Woche später jedoch wurden meine Frau und ich von meinem Schwiegervater ins Wohnzimmer gerufen. Er las *Cankao Xiaoxi*, die offizielle Zeitung, die Nachrichten über China aus ausländischen Zeitungen übersetzt (es versteht sich von selbst, dass dies nur die „guten" Nachrichten betraf, nicht die schlechten). Mein Schwiegervater – ein kommunistischer Revolutionär, der als Teenager der Volksbefreiungsarmee beigetreten war und im Zweiten Japanisch-Chinesischen Krieg, dem Bürgerkrieg gegen die KMT und im Koreakrieg gekämpft hatte[101] – las den Artikel laut vor und sah mir in die Augen. Mein Herz sank, doch er sagte nur: „Siehst du, es gibt so viele dekadente Ausländer in Peking. Lass dich nie mit solchen Leuten ein." Mir wurde klar, dass er nicht realisierte, dass der Artikel von mir handelte. Meine Frau kam zur gleichen Erkenntnis, und wir sahen uns in stiller Komplizenschaft schweigend an.

Zurück nach Shandong

Das war vor etwa zehn Jahren. Inzwischen bin ich wieder verheiratet und führe ein gemäßigteres Leben auf dem Land in Shandong. Keine betrunkenen Ausflüge mehr mit Journalisten, kein alkoholgetränktes Karaoke. Als Dekan soll ich schließlich verantwortungsbewusst sein. Ich hatte jedoch einen Rückfall. Eines Abends aßen mein jüngerer „Bruder" Professor K. und ich gemeinsam mit unseren Doktoranden in einem Dorfrestaurant zu Abend. Es war ein typisches Shandong-Bankett, erfüllt von Lachen und endlosen ritualisierten Trinksprüchen, befeuert von 53-%igem weißem Schnaps. Als wir aus dem Restaurant torkelten, verabschiedete ich mich von den anderen und holte den Schlüssel zu meinem Fahrzeug hervor. Professor K. versuchte, ihn mir aus der Hand zu reißen. Ich wehrte mich und sagte: „Es ist in Ordnung, ich werde schon zurechtkommen, ich fahre nicht weit und werde auf keine Polizei stoßen." Professor K., ein Nachkomme von Konfuzius in 76. Generation, tadelte mich vor den Studenten. Normalerweise hätte er sich auf konfuzianische Normen berufen, aber er wusste, dass ich dann mit der Zeile über das maßlose Trinken gekontert hätte. Also sagte Professor K.: „Dies ist ein kommunistisches Land; wir dienen anderen Menschen. Sei nicht so egoistisch; du kannst andere verletzen, nicht nur dich selbst!" Ich salutierte ihm, versuchte ihn zum Lachen zu bringen, aber er war todernst.

Nun fühlte ich mich schrecklich. Es war ein erheblicher Gesichtsverlust vor meinen Studenten. Wie konnte ich so verantwortungslos sein? Ich kam zur Besinnung und gab den Schlüssel meinem ältesten Doktoranden. Er öffnete das Fahrradschloss und brachte mich, zusammen mit meinem Zweirad, nach Hause.

6

Konfuzianismus in China lehren

Kongzi (551–479 v. Chr.) – Familienname Kong (孔), mit „zi" (子) als Ehrentitel – war Politiker, Philosoph und Dichter. Vor allem aber wird er für seine Rolle als Lehrer verehrt. Über der imposanten Kongzi-Statue im Konfuziustempel in Qufu steht der Spruch „万世师表", was übersetzt werden kann als „Der Vorbildlehrer für zehntausend Generationen".

Warum aber gilt Kongzi – im Westen bekannt als Konfuzius – als „Lehrer der Lehrer"? Dafür gibt es mehrere Gründe. Kongzi gründete die früheste Form der Hochschulbildung in Chinas Geschichte und unterrichtete Studierende unabhängig von Klasse oder Familienhintergrund. Seine bekanntesten Schüler stammten nicht aus privilegierten Familien. Einer der berühmtesten Aussprüche aus den *Analects* des Konfuzius lautet: „有教无类" – „In der Bildung gibt es keine sozialen Klassen." Kongzi war stolz darauf, „niemals jemanden abgewiesen zu haben, der mich um Unterricht bat, auch wenn er zu arm war,

© Der/die Autor(en), exklusiv lizenziert an Springer Fachmedien Wiesbaden GmbH, ein Teil von Springer Nature 2026
D. A. Bell, *Der Dekan von Shandong,*
https://doi.org/10.1007/978-3-658-50582-0_6

um mehr als ein symbolisches Bündel getrockneten Fleisches als Schulgeld anzubieten" (*Analects* 7.7).

Zwar behauptete Kongzi, lediglich eine überlieferte Tradition weiterzugeben (7.1), doch veränderte er entscheidend die Bedeutung des Begriffs 君子 *(junzi)*. Dieser bezeichnete zuvor einen „Edelmann" durch Geburt; bei Kongzi wurde daraus eine „vorbildliche Person", ausgezeichnet nicht durch Herkunft, sondern durch besondere Fähigkeit und vor allem durch moralische Tugend. Kongzis Position war für seine Zeit radikal: Er stellte die Vorstellung infrage, dass die familiäre Herkunft das Schicksal eines Menschen bestimme.[102]

Kongzis Bildungsverständnis ging jedoch über den Anspruch auf eine Gleichheit der Chancen unabhängig vom sozialen Status hinaus (zu seiner Zeit leider nicht für Frauen). Er formulierte das Ziel des Unterrichts neu: Die Vermittlung von Wissen sei wichtig, noch bedeutsamer aber sei der Versuch, vorbildliche Persönlichkeiten auszubilden, die sowohl fähig als auch motiviert seien, dem Gemeinwohl zu dienen. Lehren und Lernen verstand er als eine lebenslange Beziehung zwischen Lehrer und Schüler, gegründet auf Respekt und gegenseitige Zuneigung.

Kongzi entwickelte zudem eine einzigartige, individuell ausgerichtete Unterrichtsmethode: Er passte das, was er lehrte, an die Bedürfnisse jedes einzelnen Schülers an. Einmal fragte ihn ein Schüler, warum er zwei scheinbar gegensätzliche Antworten auf dieselbe Frage – ob man theoretisch erworbenes Wissen unmittelbar in die Praxis umsetzen könne – gegeben hatte. Daraufhin erklärte er mit Bezug auf die jeweiligen Schüler: „*Qiu* hält sich zurück, und so habe ich versucht, ihn anzuspornen. *Du* hingegen hast die Energie von zweien, so habe ich versucht, dich zu bremsen" (11.22). Verschiedene Schüler bedürfen auf verschiedene Weise der pädagogischen Förderung. Deshalb auch finden sich in Kongzis *Analects* zu zentralen Begriffen wie 仁 (*ren,* unterschiedlich übersetzt als Liebe, Menschlichkeit, Mitgefühl, Wohlwollen oder Tugend) oft variierende Antworten.

Wer zum ersten Mal die *Analects* des Konfuzius liest – ein Werk, das erst lange nach seinem Tod von Kongzis Schülern zusammengestellt wurde – ist oft irritiert über die scheinbar lose Struktur und mag sich fragen, was an diesem schmalen Buch voller netter Aphorismen ohne einheitlichen roten Faden so bedeutend sei.[103] Liest man den Text jedoch als eine Art post- oder prämodernes Puzzlespiel, das erst durch den Leser zusammengesetzt wird, und erkennt darin Kongzi im Dialog mit seinen Schülern und ihren jeweiligen Interessen und Bedürfnissen, so entfaltet der Text seine Lebendigkeit. Für Erstleser der *Analects* empfiehlt sich daher, auch etwas über die einzelnen Schüler zu erfahren, um besser zu verstehen, warum Kongzi in ähnlichen Situationen Unterschiedliches sagte.[104]

Die wichtigste Erkenntnis aus Kongzis Lehrmethode ist wohl, dass Unterricht individuell auf die Besonderheit jedes Schülers ausgerichtet sein sollte, getragen von intensivem Austausch. Das im Westen verbreitete Bild von Konfuzius als einem etwas steifen und dogmatischen „Meister", der Wahrheiten verkündet, die seine Schüler unkritisch übernehmen, wird seinem Denken nicht gerecht. Kongzi war überzeugt, dass man Lernende nicht bilden kann, indem man sie als undifferenzierte Masse behandelt ohne die Möglichkeit, den Lehrer zu hinterfragen. Denn auch der Lehrer kann irren. Der Dialog ist stets beidseitig, auch wenn der Lehrer, aufgrund seiner Rolle, den Unterricht erteilt.

Ein effektiver Unterricht setzt daher voraus, den einzigartigen Charakter eines jeden Schülers zu kennen, und zwar durch langfristige Interaktion in verschiedenen Kontexten. In der Praxis bedeutet dies, dass der Unterricht in kleinen Gruppen stattfindet, was ebenso individuelle

Förderung erlaubt wie die Möglichkeit bietet, sowohl innerhalb als auch außerhalb des formellen Klassensettings mit dem Lehrer zu interagieren.[105]

Unterrichten und Trinken

Es ist keine leichte Aufgabe: Kongzi selbst soll dreitausend Schüler gehabt haben, von denen nur zweiundsiebzig seine Lehren verstanden und praktizierten. Seine Anhänger können mit einer ähnlich niedrigen Erfolgsquote rechnen und ich war keine Ausnahme. Ich unterrichtete Konfuzianismus erstmals systematisch am Schwarzman College, einem akademischen Joint Venture zwischen den Vereinigten Staaten und China, das 2016 als Teil der Tsinghua-Universität gegründet wurde. Zuvor hatte ich politische Theorie an der Philosophischen Fakultät der Tsinghua unterrichtet und konnte dabei einige konfuzianische Klassiker in meine Kurse einbeziehen. Doch war der eigentliche Unterricht des Konfuzianismus traditionell jenen Professoren vorbehalten, die in chinesischer Philosophie ausgebildet waren und die Klassiker auf Chinesisch für chinesische Studenten lehrten. Als Westler wurde von mir erwartet, mich auf westliche politische Theorie zu konzentrieren.

Das Schwarzman College jedoch ist ein englischsprachiges Programm, dessen Studierende zu 80 % aus dem Ausland kommen. So bot sich mir die Gelegenheit, Konfuzianismus auf Englisch zu lehren, als Teil eines Kurses über chinesische politische Kultur, den ich zusammen mit Professor W., einem der führenden Geisteswissenschaftler Chinas, leitete. Das Problem war jedoch, dass unser Kurs einer von vier Kernkursen war (wovon drei belegt werden mussten), und fast alle Studierenden des ersten Jahrgangs wählten unseren Kurs. Wie aber unterrichtet man Konfuzianismus in einer Klasse von mehr als hundert Studierenden aus ganz unterschiedlichen akademischen und kulturellen Hintergründen?

Um das Format interessanter zu gestalten, beschlossen wir, die Lehrveranstaltung als eine Art Debatte zwischen den beiden Professoren anzulegen. Mein Co-Lehrer vertrat eine eher historische und skeptische Sicht auf den Konfuzianismus, während ich stärker dessen zeitgenössische Relevanz betonte. So kommentierten und kritisierten wir während der Vorlesungen regelmäßig die Ideen des jeweils anderen. Auch der Kursinhalt selbst war konfrontativ, als eine Art Debatte organisiert: Konfuzianer gegen Legalisten, Konfuzianer gegen Kommunisten und so weiter. Dank der nahezu unbegrenzten Mittel aus dem Stiftungsvermögen des Schwarzman Colleges konnten wir renommierte Gastwissenschaftler aus dem Ausland einladen, was die Perspektivenvielfalt erweiterte.

Aber wie sollten wir das, was wir lehrten, an die individuellen Bedürfnisse jedes Schülers anpassen, wie Kongzi es geraten hätte? Wir teilten die Klasse für die Diskussionssitzungen in vier Gruppen, aber jede Gruppe mit jeweils 25 Schülern war immer noch zu groß. Um dennoch vertiefte Gespräche zu ermöglichen, organisierten wir freiwillige kleinere Arbeitskreise. Das Berggruen-Institut sponserte zwei Konfuzianerinnen aus dem Ausland, die in unserer Klasse Vorträge hielten und Diskussionsgruppen zu den *Analects* für interessierte Studenten organisierten – eine klare Botschaft, dass der moderne Konfuzianismus keineswegs Männern vorbehalten ist.

Ich selbst organisierte zwei weitere Kleingruppen zur Diskussion klassischer Texte aus der konfuzianischen Tradition – eine auf Chinesisch und eine auf Englisch für Studierende mit schwächeren Chinesisch-Kenntnissen. Ich betreute mehrere Arbeiten mit konfuzianischen Themen und führte intensive Diskussionen mit besonders talentierten Studenten, um diese individuell zu fördern.[106]

Was das Schwarzman College besonders auszeichnet, ist die Möglichkeit der Interaktion mit den Studierenden außerhalb des Klassenraumsettings. Die Studierenden – genannt „Gelehrte", nach dem Vorbild der Rhodes-Stipendiaten – leben im College, das für den einjährigen Masterstudiengang freie Unterkunft und Verpflegung bietet. Auch Lehrende können im College wohnen, und während meines Intensivkurses verbrachte ich dort zwei Monate. Ich aß mit den Studenten und erfuhr im zwanglosen Austausch mehr über sie. Ich nahm an Feierlichkeiten teil – das College hat seine eigene Trinkstätte, das „Master Kong Pub" – eine Umgebung, in der sich rasch dauerhaftere Freundschaften bildeten.

Großzügige Ressourcen erlaubten uns Ausflüge außerhalb Pekings. Ein Höhepunkt war eine Exkursion nach Qufu, zwei Stunden mit dem Schnellzug von Peking entfernt. Dort besuchten wir den Konfuziustempel und andere konfuzianische Stätten. Ein Kollege – mein künftiger „Kong-Bruder" – an der Shandong-Universität – fungierte als Reiseführer und erklärte stolz, dass er eines Tages auf dem Friedhof der Kong-Familie beigesetzt werde.

Nach einem Tag voller Besichtigungen folgte ein üppiges Bankett, bei dem jeder Tisch eine Flasche des feurigen 孔府家酒 (Kong Mansion Liquor) erhielt.[107] Um die Stimmung zu lenken, organisierte ich ein Quiz zu den Eindrücken des Tages, der Gewinnertisch bekam eine zusätzliche Flasche Schnaps. Doch wie zu erwarten, geriet das Trinken schnell außer Kontrolle. Zwar versuchte ich gegenzusteuern, indem ich zunehmend persönliche Fragen stellte (z. B.: Was ist das Schönste, was Sie heute gesehen haben?) und den Preis bewusst an den Tisch mit Absolventen der West Point Military Academy vergab, in der Annahme, sie würden disziplinierter trinken.[108] Doch das Gegenteil geschah: Sie sangen die amerikanische Nationalhymne, was einige chinesische Studenten verärgerte. Nach dem Essen zerstreute sich die Gruppe. Die meisten Studenten torkelten zu einer Karaoke-Bar, während ich mit einigen sprachkundigen Studierenden zu einer weiteren Mahlzeit und reichlich Getränken mit Nachfahren der Familie Kong weiterzog. Am nächsten Tag fand ein Fußballspiel gegen die „Kongs" statt, das trotz des Katers der Schwarzman-Stipendiaten mit einem Unentschieden, also einem gesichtswahrenden Ergebnis für alle Seiten, endete.

Rückblickend war die Reise nach Qufu sowohl Höhe- als auch Tiefpunkt meiner Tätigkeit als Lehrer des Konfuzianismus im Rahmen des Schwarzman-Programms. Unvergesslich dürfte für die Stipendiaten die Erfahrung gewesen sein, Fußball gegen Nachfahren der Familie Kong in Kongzis Heimatstadt zu spielen. Doch die exzessiven Trinkgelage warfen Fragen auf: Wie mögen sich muslimische Stipendiaten gefühlt haben, die keinen Alkohol tranken? Und was, wenn es zu Unfällen oder gravierendem Fehlverhalten gekommen wäre? Da das Schwarzman-Programm gerade erst gestartet war, hätte dessen Reputation enormen Schaden nehmen können.

In den folgenden Jahren wurde das Programm stärker reguliert. Die Mittel für Exkursionen nach Qufu wurden gestrichen. Gemeinsame Trinkgelage von Lehrern und Studenten wurden verboten. Unser Kurs wurde von einem Pflicht- zu einem Wahlfach herabgestuft. Damit entfiel auch die Möglichkeit, dass zwei Professoren im Dialog unterrichteten.[109] Vielleicht tröstet mich der Gedanke, dass die Studierenden den Konfuzianismus hier auf ihre Weise „in Aktion" erlebt haben – auch wenn dies nicht unbedingt zu einer moralischen Läuterung führte.

Im Januar 2017 wurde ich schließlich zum Dekan der Shandong-Universität ernannt, vor allem aufgrund meines wissenschaftlichen Engagements für den Konfuzianismus. So konnte ich eigene Lehrveranstaltungen über den Konfuzianismus gestalten und sie für chinesische Studierende inzwischen auf Chinesisch halten. Nun hatte ich auch die Möglichkeit, die Zahl der Teilnehmenden zu begrenzen.

Meine Graduiertenklassen umfassten höchstens zwölf Studierende.

Thema war Xunzi (ca. 310–220 v. Chr.), den ich für den größten politischen Theoretiker der konfuzianischen Tradition halte. Er lebte in der blutigsten Phase der chinesischen Geschichte – den letzten Stadien der Streitenden Reiche – und schuf dennoch ein originelles und systematisches Werk, das Erkenntnisse anderer Traditionen integrierte und moralisch fundierte Anleitungen für öffentliche Beamte bot. Unsere Studenten waren bereits mit den Grundlagen von Xunzis Denken vertraut und hatten das einleitende Kapitel „Eine Aufforderung zum Lernen", für die nationalen Universitätseingangsprüfungen *(gaokao)* auswendig gelernt. Für unsere Seminare wählte ich Kapitel, die die unterschiedlichen Amtsträger behandelten – „Der humane König und der Hegemon", „Der Weg des Herrschers" und „Der Weg des Ministers". Jedes Kapitel wurde Zeile für Zeile sorgfältig durchgegangen.

Um die persönliche Perspektive jedes meiner Studenten kennenzulernen, bat ich vor dem Seminar darum, sechs Fragen oder Kommentare zur jeweiligen Wochenlektüre vorzubereiten: zwei zu Passagen, denen sie zustimmten, zwei zu solchen, denen sie widersprachen, und zwei zu Stellen, die sie nicht verstanden. So erhielt ich einen klaren Eindruck von den individuellen Zugängen zum Text und konnte die Diskussion daran ausrichten. Häufig stellte ich bewusst kontroverse Positionen gegenüber („Student X scheint anderer Meinung zu sein als Student Y – warum?"). Auf diese Weise lernten die Studierenden, ihre unterschiedlichen Standpunkte darzulegen beziehungsweise zu klären. Diese Unterrichtsstrategie förderte nicht nur die Beteiligung aller, sondern ermöglichte auch mir, auf die individuellen Bedürfnisse der Teilnehmenden einzugehen.

Als Prüfungsleistung verfassten sie längere Essays über Xunzis politisches Denken – Arbeiten, die in ihrer Qualität jenen an der Spitzenuniversität Tsinghua mindestens ebenbürtig waren. Den Abschluss des Seminars bildete eine Exkursion zu Xunzis Gedenkgrabstätte in Lanling (Shandong).

Dort empfingen uns lokale Beamte, die dabei ebenso die Aberkennung von Xunzi Status der „Weisheit" (mehr als 450 Jahre, nachdem er 1084 inthronisiert worden war) wie seine Verbannung aus den konfuzianischen Tempeln beklagten und um Unterstützung bei der Rehabilitierung des großen Gelehrten baten.[110] Beim anschließenden Bankett wurde das Festmahl einmal mehr mit reichlich weißem Schnaps (白酒) aus Lanling befeuert – eine Gelegenheit zu beobachten, wie sich meine Studenten unter dem Einfluss des lokalen „Wahrheitsserums" verhalten, und mich selbst von ihnen beobachten zu lassen. Nicht unbedingt eine allgemein zu empfehlende Lehrstrategie – doch so nah wie dort bin ich dem Ideal des konfuzianischen Unterrichts nie gekommen.

Studenten außer Kontrolle

Das konfuzianische Lehrideal besteht nicht nur darin, talentierte Schüler zu fördern, sondern auch jene zu identifizieren, die das Potenzial haben, die Lehren des Meisters zu übertreffen. Wie Kongzi es ausdrückte: „Die jüngere Generation sollte mit Ehrfurcht betrachtet werden: Denn wer weiß, ob sie nicht unsere Zeitgenossen übertreffen wird? Erst wenn jemand mit vierzig oder fünfzig Jahren noch nichts Bemerkenswertes geleistet hat, dürfen wir unsere Ehrfurcht zurückziehen" (Analects, 9.23).

Wenn der Konfuzianismus als das Streben nach nie endender Selbstverbesserung verstanden wird, dann sollte sich die Tradition über Generationen hinweg verbessern, getragen von Schülern, die die Lehren ihrer Lehrer weiterentwickeln. Theoretisch zumindest. In der Praxis fällt es schwer, Beispiele für Schüler zu finden, die ihre Lehrer übertroffen haben. Kongzis Lieblingsschüler Yan Hui starb im tragisch jungen Alter von 32 Jahren, bevor er seine Ideen für die Nachwelt hätte entfalten können.

Dagegen ist es leicht, Schüler zu nennen, die das Gegenteil taten: Statt aufzubauen, zerstörten sie. Der bekannteste Fall ist Xunzis Schüler Han Feizi. Er übernahm die Annahme seines Lehrers, dass der Mensch zur Schlechtigkeit neige, verwarf aber die Möglichkeit moralischer Besserung. Statt einer durch (informelle) Rituale geordneten Gesellschaft, wie Xunzi es befürwortete, plädierte Han Feizi für einen quasi-totalitären Staat, der allein von strengen Gesetzen regiert wird. Ziel war nicht das Wohl des Volkes, sondern die Stärkung des Staates. Wer dieses Projekt in Frage stellte – wie sein Lehrer Xunzi –, sollte hingerichtet werden.[111]

Ein westliches Äquivalent wäre vielleicht ein (fiktiver) Schüler von Hobbes, der die Idee des Leviathan in eine noch radikalere, repressivere Richtung lenkt und dabei den moralischen Kern, den Schutz des Rechts auf Leben, unterschlägt. Es lässt sich darüber streiten, inwieweit Lehrer die Verantwortung für solche „abtrünnigen Schüler" tragen, aber die Tatsache, dass Xunzi Studenten wie Han Feizi hervorbrachte, schadete seinem Ruf erheblich und erklärt mit, warum er aus dem konfuzianischen Kanon gestrichen wurde und sich davon auch nach über zwei Jahrtausenden noch nicht vollständig erholt hat.

Warum wenden sich Schüler gegen ihre Lehrer? Es könnte mit den hohen Erwartungen zusammenhängen, die in der konfuzianischen Tradition an den Lehrer gestellt werden. Dieser soll nicht nur Wissen vermitteln, sondern auch als moralisches Vorbild dienen. Enttäuscht er diese Erwartungen, könnte der Schüler gegen ihn aufbegehren. Vielleicht liegt der Grund aber tiefer. In der

konfuzianischen Tradition gilt der beste Lehrer als Vater-
figur, die den Schüler erzieht und zugleich mit Liebe und
Fürsorge überschüttet. Wie Freud uns jedoch erinnert,
können solche Emotionen zu weniger gesunden unbe-
wussten Wünschen seitens des Empfängers führen. Ich
selbst hatte einmal eine Erfahrung mit dem, was man
einen ödipalen Studenten nennen könnte, doch ich werde
die Geschichte hier nicht erzählen – sie wäre ein eigenes
Kapitel wert.

7

Das kommunistische Comeback

Im Jahr 2008 veröffentlichte ich das Buch *China's New Confucianism,* in dem ich das Ende der marxistischen Ideologie in China verkündete.[112] Der Marxismus war als motivierendes Wertesystem tot. Kaum ein ernstzunehmender Denker in China verteidigte ihn noch offen als leitende Ideologie für die moderne Welt. Die Kommunistische Partei Chinas schien nur dem Namen nach kommunistisch zu sein und betonte zunehmend „chinesische Besonderheiten", was bedeutete, dass sie sich für pragmatische Veränderungen und für Chinas eigene kulturelle Traditionen wie den Konfuzianismus öffnete. Ich sagte voraus, dass die KPCh bald in „Chinesische Konfuzianische Partei" umbenannt werden würde.

Zur gleichen Zeit begann ironischerweise die marxistische Tradition ihr Comeback. Der Wendepunkt war die globale Finanzkrise 2007/2008. Chinesische Gelehrte besannen sich wieder auf Marx' Kapitalismuskritik, um die Fehler des marktwirtschaftlichen Systems zu verstehen.

© Der/die Autor(en), exklusiv lizenziert an Springer Fachmedien Wiesbaden GmbH, ein Teil von Springer Nature 2026
D. A. Bell, *Der Dekan von Shandong,*
https://doi.org/10.1007/978-3-658-50582-0_7

Seit 2012 hat Präsident Xi die marxistische Essenz der KPCh bekräftigt und harte Maßnahmen ergriffen, um die Auswüchse des Kapitalismus einzudämmen. Unter dem Banner des „Gemeinwohls" unternahm die Regierung Anstrengungen, absolute Armut zu beseitigen und die Kluft zwischen Reich und Arm zu verringern. Dieses Ideal ähnelt Marx' Ideal des niederen Kommunismus: „Jeder nach seinen Fähigkeiten, jedem nach seinen Bedürfnissen"[113]. Harte Arbeit sollte belohnt werden und Arbeiter nicht aufgrund ungleicher sozialer und wirtschaftlicher Chancen benachteiligt werden. Das Ziel ist nicht die völlig gleichmäßige Verteilung des Einkommens (oder die Verteilung nach Bedarf, wie im höheren Kommunismus), sondern die Angleichung der Startchancen, sodass alle Bürger für ihre Leistung angemessen entlohnt zu werden.[114]

Die eingesetzten Mittel umfassen Anti-Monopol-Maßnahmen gegen Big Tech, den Versuch, der Immobilienblase entgegenzuwirken, und das Vorgehen gegen private Unternehmen wie etwa solche, die Online- und Offline-Nachhilfeunterricht für diejenigen anboten, die es sich leisten konnten. Verfechter des freien Marktes befürchten, dass solche Maßnahmen den Unternehmergeist schwächen könnten, der Chinas wirtschaftliche Dynamik antreibt.[115] Aber die Regierung schien bereit zu sein, dieses Risiko einzugehen. Was auch immer man von den Maßnahmen hält, die zur Verwirklichung des „Gemeinwohls" eingesetzt werden, das neuerliche Engagement der Regierung für den Kommunismus lässt sich kaum bezweifeln. Um es mit konfuzianischen Worten auszudrücken: Die Kommunistische Partei Chinas hat ihren Namen „berichtigt", ihr Verhalten entspricht heute stärker der eigentlichen Bedeutung ihres Namens.[116]

Das explizitere Bekenntnis zum Kommunismus zeigt sich auch in der Wissenschaft. Noch vor einigen Jahren hatte ich fast Mitleid mit Marxisten in China, da sie oft als Denker zweiter Klasse galten, denen das Talent zu ernsthafter wissenschaftlicher Arbeit abgesprochen wurde. Heute hingegen zieht die Schule des Marxismus vielversprechende Wissenschaftler an, die dort mit reichlichen Ressourcen ausgestattet werden. Gleiches gilt für die Studierenden. In den 1980er Jahren versuchten akademisch begabte Studenten selten, der Partei beizutreten: Sie fühlten sich dem Marxismus nicht verpflichtet und suchten nach Wegen, ihre Talente außerhalb der Parteistruktur zu entfalten. Heute jedoch konkurrieren Top-Studenten erbittert um die Mitgliedschaft, und Bewerber um akademische Stellen erwähnen in ihren Lebensläufen stolz ihre Parteizugehörigkeit.

Meine eigene Fakultät verfügt über eine Schule des wissenschaftlichen sozialismus, die bis vor kurzem noch als peinliches Relikt aus der Vergangenheit galt. Während andere Universitäten solche Abteilungen im Zeitalter der Reform abgeschafft hatten, blieb sie bei uns bestehen – nicht zuletzt, weil der Gründungsvater unserer Fakultät, Professor Z., ihre Existenz stets verteidigt hatte.[117] Heute hingegen betonen wir mit Stolz, die einzige Universität Chinas mit einer solchen Einrichtung zu sein, deren Absolventen erfolgreich Graduiertenstudien an den führenden Universitäten des Landes aufnehmen.

In meinem zweiten Jahr als Dekan nahm ich an einer Jahrestagung mit anderen Dekanen und Universitätsverwaltern teil, um die Leistungen unserer Fakultät zu bilanzieren. Ich wusste zunächst nicht, wie ich mich positionieren sollte, da alle anderen Redner ihr Engagement für die Führung der Partei und die sozialistische Vision hervorhoben. Vor einigen Jahren hätte ich solche Bekenntnisse als bloße „Propaganda" abgetan und nie gedacht, mich einmal in einer Lage zu befinden, in der ich Vergleichbares sagen müsste. Doch so war es. Also bemerkte ich, halb im Scherz: „Ich bin zwar noch kein Parteimitglied, aber ich unterstütze das kommunistische Ideal." Zu meiner Überraschung erntete ich dafür Gelächter, begleitet von anhaltendem, aufrichtigem Applaus – und erhielt später Lob für gerade diesen Teil der Rede.

Westliche Beobachter führen die Wiederbelebung des Kommunismus häufig auf die persönlichen Überzeugungen von Präsident Xi zurück. Die *New York Times* etwa schrieb, er versuche, „die Geschichte der Kommunistischen Partei nach seinem Bild neu zu gestalten."[118] Ohne Xi, so die verbreitete Annahme, wäre China auf dem Weg marktorientierter Wirtschaftsreformen geblieben und hätte womöglich auch politische Demokratisierungen vollzogen. Aus marxistischer Sicht ließe sich jedoch argumentieren, Xi folge lediglich den Imperativen der Geschichtstheorie von Karl Marx. Deng Xiaoping hatte erkannt, dass China eine kapitalistische Phase durchlaufen müsse, um die Produktivkräfte zu entwickeln, nun aber, so Xi, sei der Zeitpunkt für den Übergang zum Kommunismus gekommen.

Nach Marx behandelt der kapitalistische Produktionsmodus Arbeiter als bloße Werkzeuge im Produktionsprozess und nutzt Technologie zum Zweck der Bereicherung einer kleinen Minderheit von Kapitalisten.[119] Doch zugleich erkannte Marx die historische Leistung des Kapitalismus: Mehr als jedes vorherige Wirtschaftssystem förderte es die Entwicklung der Produktivkräfte – Technologie und Wissen, sie zu anzuwenden. Grund dafür ist der Konkurrenzdruck unter Kapitalisten, um Gewinne zu erzielen, der sie zwingt, immer effizientere Produktionsmittel einzusetzen. So entsteht ein materieller Überschuss, ohne den der Kommunismus nicht realisierbar wäre.

Im marxistischen Verständnis liegt der moralische Sinn dieses „hässlichen Prozesses" darin, die große Mehrheit der Menschen von mühsamer Arbeit zu befreien. In der kommunistischen Zukunft, so die Theorie, wird hochentwickelte Technologie die körperlich belastende Arbeit überflüssig machen. An einem bestimmten Punkt der Geschichte – dem der Revolution – wird das Privateigentum abgeschafft und Maschinen werden die Arbeit zum Wohle der Menschen statt im Interesse einer privilegierten Klasse übernehmen. Die Menschen werden endlich frei sein – um zu fischen, Bücher zu lesen und künstlerische Werke zu schaffen.

Diese marxistische Lesart der Geschichte Chinas ist keine willkürliche Rekonstruktion der Vergangenheit. Dengs Leitspruch lautete, die Partei werde „einigen erlauben, zuerst reich zu werden", der Rest der Menschen sollte folgen, geführt von der Partei. Die Verfassung der KPCh legte fest, dass „die Verwirklichung des Kommunismus das höchste Ideal und das endgültige Ziel der Partei" ist.[120] Die Partei hat sich auch nie vollständig vom Hebel der wirtschaftlichen Macht getrennt: Selbst das „private" Eigentum an Wohnungen ist in China auf siebzig Jahre Pachtzeit beschränkt, mit der impliziten Möglichkeit, es künftig aufzulösen, sobald es für eine gleichere, kommunistische Gesellschaft erforderlich sein sollte.

Das Engagement für einen „höheren Kommunismus" prägte auch die Arbeit von Wang Huning, Chinas einflussreichstem politischen Theoretiker – Berater der Präsidenten Jiang Zemin und Hu Jintao und heute Mitglied des Ständigen Ausschusses des Politbüros. [121] Präsident Xi selbst beruft sich auf Marx' Theorie der Geschichte: „Der Marxismus argumentiert, dass die Menschheit unweigerlich einen Weg zum Kommunismus einschlagen wird, jedoch durch historische Phasen hindurch. Genosse Deng Xiaoping sagte, der Sozialismus sei die primäre Stufe des Kommunismus, und China befinde sich in der primären, noch unterentwickelten Stufe des Sozialismus. Mit dieser

Einschätzung förderte er Reform und Öffnung, erzielte historische Errungenschaften und leitete eine neue Ära ein. Wir verfügen nun über eine reiche materielle Basis für die Verwirklichung neuer, noch höherer Ziele."[122]

In marxistischen Begriffen scheint China damit zur „Diktatur des Proletariats" überzugehen, der politischen Überbaustruktur des „niederen Kommunismus". Marx zufolge müsse jedes Land diese Phase durchlaufen – zwischen Kapitalismus und „höherem Kommunismus". Eine Diktatur sei notwendig, um die „Reste der Bourgeoisie" niederzuschlagen und die Menschen in praktischen und theoretischen Fähigkeiten auszubilden, die das Aufblühen des „voll entwickelten Individuums" in der kommunistischen Gesellschaft ermöglichen. Sie sei jedoch nur vorübergehend. Im höheren Kommunismus, so Marx, werde der Staat schließlich „absterben": Entwickelte Maschinen würden alle Güter produzieren, die der Mensch braucht, Ressourcen würden nach Bedarf verteilt und alle Menschen wären frei und gleich in der Möglichkeit, ihre vielseitigen Talente zu entfalten. Es gäbe keine herrschende und keine unterdrückte Klasse. Am Ende der Geschichte stünde, nach Marx, eine anarchistische Gesellschaft, in der Ordnung ohne jede Zwangsgewalt gesichert werde.[123]

Die Diktatur der Bürokratie

Der anarchistische Denker des 19. Jahrhunderts, Michail Bakunin, identifizierte ein tiefes Problem mit Karl Marx' Theorie der Geschichte. Bakunin unterstützte Marx' Kritik am Kapitalismus sowie sein Ideal einer klassenlosen Gesellschaft ohne Staat, wandte sich aber entschieden gegen die Diktatur des Proletariats: „Wenn Sie den leidenschaftlichsten Revolutionär nehmen, ihn mit absoluter Macht ausstatten, wäre er innerhalb eines Jahres schlimmer als der Zar selbst."[124] Anstatt einer Übergangsphase zwischen der Abschaffung des Kapitalismus und der Errichtung einer klassenlosen kommunistischen Gesellschaft, so Bakunin, würden die ehemaligen Proletarier die Macht ergreifen und selbst zu einer neuen diktatorisch herrschenden Klasse werden, die ihre Privilegien mit allen Mitteln verteidigt. Diese neue Elite würde sich als eine Bürokratie etablieren, die nicht dem Volk dient, sondern sich selbst: „Sie werden auf die ganze gemeinsame Arbeiterwelt von der Höhe des Staates herabblicken. Sie werden nicht mehr das Volk repräsentieren, sondern sich selbst und ihre Ansprüche auf Volksregierung. Jeder, der daran zweifeln kann, weiß nichts von der Natur des Menschen."

Marx nahm Bakunins Kritik auf und notierte seine Antwort in ein Heft: „Wenn Herr Bakunin nur etwas über die Stellung eines Direktors in einer Arbeitergenossenschaftsfabrik wüsste, würden all seine Träume von Herrschaft zum Teufel gehen." Nehmen wir Marx' Annahme als gegeben, Arbeitergenossenschaftsfabriken mit proletarischen Leitern, die frei von Machtstreben sind, könnten tatsächlich funktionieren. Doch wie sollte in einer groß angelegten Gesellschaft die Auswahl wohlwollender proletarischer Diktatoren erfolgen und wie sollten diese Diktatoren sich schließlich freiwillig selbst entmachten?

Bakunin fragte: „Wird das gesamte Proletariat vielleicht am Ende der Regierung stehen?... Die Deutschen zählen rund vierzig Millionen. Werden zum Beispiel alle vierzig Millionen Mitglieder der Regierung sein?" Marx antwortete: „Sicher! Das Ganze beginnt mit der Selbstverwaltung der Gemeinde." Und Wahlen, falls notwendig, werden keinen politischen Charakter mehr haben: „Die Wahl ist eine politische Form, die in der kleinsten russischen Gemeinde und im Artel vorhanden ist. Der Charakter der Wahl hängt nicht von diesem Namen ab, sondern von der wirtschaftlichen Grundlage, der wirtschaftlichen Situation der Wähler. Und sobald die Funktionen aufgehört haben, politische zu sein, gibt es 1) keine Regierungsfunktion,

2) die Verteilung der allgemeinen Funktionen ist zu einer Geschäftssache geworden, die niemandem Herrschaft gibt, 3) die Wahl hat nichts von ihrem gegenwärtigen politischen Charakter."[125] Marx spezifiziert nicht, wie solche unpolitischen Wahlen, die dazu dienen, Führer auszuwählen, die niemanden dominieren, funktionieren sollen.

Nicht überraschend gibt es in der nachfolgenden Geschichte keine Unterstützung für Marx' Idee, dass die „Diktatur des Proletariats" kurzfristig machbar und langfristig überflüssig sei. Wie Bakunin voraussagte, werden Revolutionäre, wenn sie den Staat übernehmen, selbst zur neuen herrschenden Klasse.

Die KPCh hat die Terminologie der postkapitalistischen Gesellschaft von der „Diktatur des Proletariats" zur „primären Stufe des Sozialismus" geändert. Doch das Problem bleibt: Wie soll sich die politisch herrschende Klasse selbst aus der Macht zurückziehen, sobald das Land reich genug ist, dass niemand mehr für seinen Lebensunterhalt arbeiten muss und jeder frei ist, seine kreativen Talente zu entwickeln? David Stasavage argumentiert, dass Chinas zweitausendjährige Tradition einer komplexen Bürokratie die Wahrscheinlichkeit eines Übergangs zur Demokratie verringert.[126] Angesichts dieser politischen Kultur Chinas erscheint ein Übergang zur kommunistischen Anarchie noch unwahrscheinlicher. Ganz zu schweigen davon, dass sich die bürokratische Herrschaft seit der Reformperiode noch weiter verfestigt hat. Mit wachsender wirtschaftlicher Komplexität und sozialer Vielfalt steigt der Bedarf an Bürokratie und Expertenherrschaft. Daher überrascht es nicht, dass China seit der Wirtschaftsreform in den späten 1970er Jahren wieder eine strenge Form der bürokratischen Herrschaft etabliert hat, wobei Funktionäre auf unteren Regierungsebenen zunehmend nach Bildungsstand und durch ultrakompetitive Prüfungen und

Leistungsbewertungen bestimmt werden. Heute verfügt China über die komplexeste und aufdringlichste Bürokratie, die die Welt je gesehen hat, und es erscheint von Tag zu Tag weniger vorstellbar, dass der Staat „verschwindet". Im Gegenteil: Es gibt berechtigte Befürchtungen, dass die KPCh Big Data und künstliche Intelligenz (KI) nutzt, um Sozialkritiker zu überwachen und „den Polizeistaat zu perfektionieren".[127]

Aber nehmen wir an, die KPCh sei wirklich dem endgültigen Ziel des höheren Kommunismus verpflichtet und wolle es durch humanere Mittel und weniger Repression erlangen. Selbst wenn sich die Bürokraten irgendwann einig wären, sich im Moment des erreichten „höheren Kommunismus" aufzulösen, stellt sich die Frage: Was geschieht bis dahin mit dem Sicherheitsapparat, solange andere Großmächte wie die Vereinigten Staaten kapitalistische Strukturen und eine dem Kommunismus feindlich gesinnte Regierungsform beibehalten? Marx erkannte, dass höherer Kommunismus nur global erfolgreich sein könne: „Empirisch ist Kommunismus nur möglich als die Handlung der dominanten Völker ‚alle auf einmal' und gleichzeitig, was die universelle Entwicklung der Produktivkräfte und den damit verbundenen weltweiten Austausch voraussetzt."[128] Empirisch scheint Kommunismus also unmöglich zu sein.

Vielleicht aber brauchen wir mehr Vorstellungskraft. In den letzten Jahren wurde das Ideal des höheren Kommunismus unter chinesischen Denkern wieder zum Thema theoretischen Interesses.[129] KI könnte die materiellen Bedingungen für seine Verwirklichung schaffen. Kurz- bis mittelfristig droht KI Millionen von Arbeitsplätzen zu vernichten und die Ungleichheit zu verschärfen. Langfristig jedoch sollte es möglich sein, sie zum Wohle der Menschheit einzusetzen. Intelligente Maschinen würden die monotone, geisttötende Arbeit übernehmen, die zur

Produktion der notwendigen Güter und Dienstleistungen erforderlich ist, während die Menschen wären frei wären, ihre kreativen Potenziale in sinnvollen und geistig bereichernden Tätigkeiten zu entfalten. Marx selbst sah bereits die Möglichkeit, dass fortschrittliche Maschinen die Schwerstarbeit von Arbeitern ersetzen könnten.[130]

Doch technologischer Optimismus muss durch Skepsis gemäßigt werden. Marx sah nicht voraus, dass intelligente Maschinen eines Tages „voll entwickelte Individuen" übertreffen und die Menschheit womöglich unterwerfen könnten. Nick Bostrom hat gezeigt, dass Superintelligenz eine existenzielle Bedrohung darstellen könnte.[131] Angesichts dieser Möglichkeit von bösartiger KI wäre es leichtsinnig, auch nur zu hoffen, der Staat würde verschwinden. Ein starker Staat wird notwendig sein, allein um sicherzustellen, dass KI die Hierarchie Mensch – Maschine nicht umkehrt, oder zumindest, um die menschliche Dominanz so lange wie möglich zu sichern.[132]

Selbst wenn KI nur positive Entwicklungen hervorbringt, bleibt es schwer, sich das Ende des Staates vorzustellen. Pandemien oder der Klimawandel etwa erfordern einen starken und handlungsfähigen Staat.[133] Auch wenn Atomwaffen hoffentlich eines Tages abgeschafft werden, müssen sie bis dahin kontrolliert werden – und Kontrolle braucht verbindliche Regeln. Ebenso wird es immer knappe Güter geben, deren gerechte Verteilung politische Autorität verlangt.

David Chalmers stellt sich eine Zukunft vor, in der wir den größten Teil unseres Lebens in virtuellen Welten verbringen, in denen jeder in einer Villa am Meer wohnen könnte, weil digitale Güter praktisch nichts kosten.[134] Doch selbst in dieser Vision bleibt die Frage: Wer bekommt die dreißig Jahre alte Flasche *Maotai* (茅台)? Ich bezweifle, dass meine alkoholliebenden Freunde in

Shandong sich mit einer digitalen Version dieses exklusiven Likörs zufriedengeben würden.

Hin zu konfuzianischem Kommunismus

Kurz gesagt, der Staat wird nicht verschwinden – und er sollte es auch nicht. Wir sollten aufhören, uns der Illusion hinzugeben, dass chinesische Bürokraten eines Tages beschließen werden, sich selbst überflüssig zu machen. Die richtige Frage lautet vielmehr, wie sich die Wahrscheinlichkeit erhöhen lässt, dass öffentliche Beamte tatsächlich dem Gemeinwohl dienen, und wie sich zugleich das Risiko verringern lässt, dass öffentliche Ressourcen für private Interessen missbraucht werden.

Hier hat die marxistische Tradition kaum nützliche Antworten zu bieten – ebenso wenig übrigens die liberale Tradition.[135] Die konfuzianische Tradition hingegen ist reich an Ansätzen. Konfuzianische Gelehrte haben, trotz aller Unterschiede, stets die Notwendigkeit betont, Beamte mit außergewöhnlichen Fähigkeiten und moralischer Integrität auszuwählen. Ebenso haben sie Wege erörtert, wie solche Beamten ausgebildet und zugleich in ihrer Macht begrenzt werden können. Das konfuzianische Ideal der „Großen Einheit" im klassischen Han-Dynastie-Werk *Buch der Rituale* klingt beinah kommunistisch – Menschen lieben ihre Familien ebenso wie die Gemeinschaft, Alte und Bedürftige werden versorgt, Erwachsene können ihre Fähigkeiten voll entfalten, Ressourcen sind ausreichend vorhanden, egoistische Gedanken werden verdrängt. Dieses Ideal inspirierte zwei Jahrtausende später auch Mao Zedong. Doch selbst in solchen politischen Utopien steht die Auswahl von Beamten mit herausragender Fähigkeit und Tugend im Zentrum (选贤与能).[136] Es ist daher kein Zufall, dass offizielle kommunistische Parteischulen in China – wie die Akademie für politische Tugendbildung von Führungskräften (政德教育学院) in Qufu – den konfuzianischen Kanon zunehmend in die Ausbildung einbeziehen. Ziel ist es, Korruption einzudämmen und eine stärker am Gemeinwohl orientierte Arbeitsmoral zu fördern.

Meine Schlussfolgerung lautet: Chinas politische Zukunft wird mit hoher Wahrscheinlichkeit sowohl vom Kommunismus als auch vom Konfuzianismus geprägt sein. Sollte die Kommunistische Partei Chinas also ihren Namen ändern? In typisch chinesisch-pragmatischer Manier könnte die Lösung darin bestehen, einen weiteren Namen hinzuzufügen, ähnlich wie die „Zentrale Akademie des Sozialismus" (中央社会主义学院) in Peking 1997 den Namen „Chinesisches Kulturinstitut" (中华文化学院)annahm, um ihren verstärkten Fokus auf die Pflege der chinesischen Kultur zu betonen. Das Institut verwendet seither je nach Kontext unterschiedliche Bezeichnungen. Das Gleiche ließe sich auch für die KPCh denken. Da der Begriff „Kommunismus" – insbesondere in den Vereinigten Staaten – ein Schreckgespenst bleibt, könnte sich die Partei im internationalen Kontext als „Chinesische Konfuzianische Partei" präsentieren, während sie im Inland weiterhin den Namen „Chinesische Kommunistische Partei" führt.

8

Zensur, formell und informell

John Stuart Mills *On Liberty (Über die Freiheit)*, erstmals 1859 veröffentlicht, gilt als die einflussreichste Verteidigung der Redefreiheit, die je geschrieben wurde. Weniger bekannt ist, dass Mill sich mehr um die „öffentliche Meinung" als um staatliche Zensur sorgte. Er sprach von der Tyrannei der öffentlichen Meinung, die „furchterregender als viele Arten politischer Unterdrückung" sei, weil sie üblicherweise zwar keine extremen Strafen verhänge, aber weniger Fluchtwege lasse, viel tiefer ins Alltagsleben eindringe und „die Seele selbst versklav[e]".[137] Gewiss schrieb Mill im viktorianischen England und unsere Zeit mag weniger konformistisch sein. Doch es lohnt sich zu fragen, ob seine Sorgen heute noch relevant sind. Meine eigene Erfahrung beim Schreiben über chinesische Politik legt nahe: Es kommt auf den Kontext an. Für den Westen trifft Mills Diagnose nach wie vor zu – für China dagegen kaum.

© Der/die Autor(en), exklusiv lizenziert an Springer Fachmedien Wiesbaden GmbH, ein Teil von Springer Nature 2026
D. A. Bell, *Der Dekan von Shandong,*
https://doi.org/10.1007/978-3-658-50582-0_8

In China ist es wenig überraschend, dass die harte Hand staatlicher Zensur das größte Problem darstellt. Und in den letzten Jahren hat sich diese Situation noch verschlechtert. 2015 forderte Bildungsminister Yuan Guiren eine Stärkung der marxistischen Ideologie an den Universitäten und ein Verbot von „Unterrichtsmaterialien, die westliche Werte in unseren Klassenzimmern verbreiten".[138] Auf den ersten Blick erscheint solch eine Vorschrift absurd. Sie würde nicht nur die Ideen von John Stuart Mill und John Rawls ausschließen, sondern ebenso die von Karl Marx oder Friedrich Engels.

Solche Äußerungen gegen den Einfluss westlicher Werte widersprechen dem, was im chinesischen Hochschulwesen tatsächlich passiert. Seit den 1980er Jahren gab es zwar immer wieder Kampagnen gegen ausländische Einflussnahme, doch der langfristige Trend ist konstant: mehr internationale Kooperationen mit westlichen Universitäten, mehr akademische Leistungsgerechtigkeit, weniger politische Ideologie bei der Auswahl und Beförderung von Professoren sowie Experimente mit verschiedenen Formen der liberalen Bildung. In meiner Fakultät wählt und befördert ein akademisches Komitee Professoren aufgrund ihrer akademischen Verdienste, politische Überlegungen spielen kaum eine Rolle.[139] Natürlich könnte die Regierung diese Trends umkehren, doch die Führung des Landes weiß sehr wohl, dass ein modernes Bildungssystem nur gedeiht, wenn es so viel wie möglich aus dem Ausland lernt.

Ich selbst unterrichte seit zwei Jahrzehnten politische Theorie in Festlandchina – dreizehn Jahre an der Tsinghua-Universität, danach sechs Jahre an der Shandong-Universität – und ich bin immer wieder angenehm überrascht von der Freiheit im Klassenzimmer.[140] Mir ist bewusst, dass Klassiker weniger der Zensur unterliegen als Werke der zeitgenössischen Politikwissenschaft und dass englischsprachige Bücher nicht so stark zensiert werden wie chinesische.[141] Dennoch diskutiere ich regelmäßig politisch heikle Themen, vieles davon fiele in die Kategorie „verboten", würde man offizielle Vorgaben buchstabengetreu anwenden. An der Shandong-Universität habe ich etwa einen fortgeschrittenen Grundkurs in politischer Philosophie gehalten. Im Syllabus heißt es:

„Dieser Kurs ist eine grundlegende Einführung in die Hauptprinzipien der politischen Philosophie. Die Geschichte der politischen Philosophie, ob in China oder im Westen, ist eine Geschichte von Debatten über kontrastierende politische Werte: Was ist wichtiger, Freiheit oder Gemeinschaft? Gleichheit oder Hierarchie? Demokratie oder politische Leistungsgerechtigkeit? Nationalismus oder Kosmopolitismus? [...] In diesem Kurs werden wir einige der einflussreichsten Argumente für und gegen diese kontrastierenden politischen Werte in der Geschichte des politischen Denkens diskutieren."

Mein Kurs wurde zu einem zweisprachigen MOOC (Massive Open Online Course): Englisch für westliche Denker und Chinesisch für chinesische Denker, mit Lektüren in beiden Sprachen.[142] Im Unterricht sprechen die Studierenden frei, wie in jeder westlichen Universität. Ich versuche stets, die Ideen großer politischer Theoretiker im besten Licht darzustellen und die Studierenden miteinander diskutieren zu lassen.[143] Zu Mills *On Liberty* präsentiere ich das stärkste Argument für die Redefreiheit, zu Konfuzius' *Analects* das für den Wert der Harmonie. Ich lade führende Wissenschaftler aus China und dem Westen zu Gastvorträgen ein, unabhängig von ihrer politischen Ausrichtung. An der Tsinghua etwa hielt der britische liberale Denker Timothy Garton Ash einen Vortrag über Mills Verteidigung der Redefreiheit. Politische Einmischung erlebte ich dabei kaum. Mit einer Ausnahme: Im Jahr 2004, kurz nach meiner Ankunft in Peking, wurde mir von einem Kurs über Marxismus abgeraten, da meine

Interpretation von der offiziellen Ideologie abweichen könnte. Menschenrechte und Demokratie waren hingegen unproblematisch. Seither habe ich gelernt, diese Einschränkung zu umgehen, indem ich den Stoff unterrichte, ohne den Begriff „marxistisch" im Kurstitel zu verwenden.[144]

Anders die Forschung. Jüngere Kolleginnen und Kollegen klagen über wachsende Restriktionen bei chinesischsprachigen Publikationen: Forschungen etwa zu sozialen Protesten oder Arbeiterrechten, die vor einigen Jahren noch die Zensur passiert hätten, werden nun nicht mehr veröffentlicht.[145] Ganze Bücher werden wegen einiger „sensibler" Teile verboten.[146] Bei Schriften auf Englisch greifen die Zensoren meist nicht ein, doch sie werden aktiv bei der Übersetzung von Werken ins Chinesische. So sollte die chinesische Fassung meines Buches *China's New Confucianism* 2008 erscheinen, wurde aber wegen der Olympischen Spiele verschoben: In einem Jahr globaler Aufmerksamkeit durfte nichts auch nur entfernt Kritisches über die aktuelle chinesische Politik veröffentlicht werden. 2009 verhinderte der 60. Jahrestag der Gründung des modernen China die Publikation. Anfang 2010 bot die bevorstehende Weltausstellung in Shanghai einen Vorwand für die Verzögerung. Zu meiner Überraschung kam das Buch schließlich im Herbst desselben Jahres, während einer kurzen politisch „weniger sensiblen" Phase, heraus.

In jüngerer Zeit hat das Zensurregime sich verschärft. Diesmal ist der Hauptgrund Präsident Xi Jinpings Anti-Korruptionskampagne, die mächtige Gegner hervorbringt,[147] weshalb politische Veröffentlichungen nun noch stärker eingeschränkt werden, egal wie akademisch. Bücher, die ich bei Amazon bestellt habe, wurden an der Grenze beschlagnahmt. Für die *New York Times* oder Google Scholar brauche ich seit Langem ein virtuelles privates Netzwerk, doch auch dessen Nutzung wird zunehmend behindert. Technikaffine Studierende helfen mir zwar, die Einschränkungen zu umgehen, aber es ist ein Katz-und-Maus-Spiel – und die Katze wird schlauer. Meine Stimmung variiert fast direkt mit der Leichtigkeit des Internetzugangs, und in letzter Zeit war ich oft schlecht gelaunt.

Ironischerweise war es besonders schwierig, Quellen für mein Buch *The China Model* zu finden, das eine im Wesentlichen positive Darstellung der Prinzipien des chinesischen politischen Systems ist. Um auf die notwendige Literatur im Internet sowie in China verbotene Bücher zuzugreifen, musste ich das Land für mehrere Monate verlassen. Zwar wurde mein Buch schließlich ins Chinesische übersetzt, doch der Redakteur überreichte mir ein dickes Heft mit Korrekturanforderungen der Zensoren, das umfangreichste, das er je gesehen habe. Mit Geduld und strategischem Vorgehen gelang es uns, etwa 90 % der Kürzungen wiederherzustellen, indem wir uns etwa auf offizielle Regierungsquellen statt westlicher Presse bezogen oder heikle Aussagen indirekter formulierten. Um das Argument zu veranschaulichen, dass Führer in Kriegszeiten nicht unbedingt zu guten Führern in Friedenszeiten taugten, ersetzte ich „Mao" durch „einen asiatischen Führer im 20. Jahrhundert" in der Annahme, dass die Leser den Hinweis verstehen.[148] Unvermeidbar gestrichen wurde jedoch mein Vorschlag, die Kommunistische Partei Chinas in „Union der Demokratischen Meritokraten" (民主贤能联盟 *minzhu xianneng lianmeng*) umzubenennen, um ihre Ideale besser widerzuspiegeln.

Auch mein jüngstes Buch *Just Hierarchy,* mit Wang Pei verfasst und ins Chinesische übersetzt, geriet politisch ins Visier der Zensoren: Die Veröffentlichung wurde wegen des hundertjährigen Jubiläums der CCP-Feierlichkeiten im Juli 2021 und der Olympischen Winterspiele im Februar 2022 verschoben. Im Mai 2022, vor dem 20.

Parteitag, der für Ende 2022 geplant war, konnte das Buch schließlich erscheinen, doch erneut mit zahlreichen Eingriffen beginnend mit unserem Vorschlag für einen Untertitel. Wir hatten „Eine progressiv-konservative Perspektive" vorgeschlagen, aber es hieß, die Worte „progressiv" [进步主义] und „konservativ" [保守主义] seien politisch zu sensibel, um im Untertitel zu stehen.

Es lohnt sich zu fragen, warum ich dennoch in einem akademischen Umfeld unter solchen Einschränkungen arbeite. Der Grund ist persönlich: Die Hälfte meiner Familie stammt aus China und ich empfinde besondere Zuneigung zu diesem Land. Ebenso motivieren mich meine großartigen Studenten und Kollegen. Hinzu kommt ein intellektueller Grund: Francis Fukuyamas berühmte Schrift vom „Ende der Geschichte" entwarf einst eine Welt, in der niemand über politische Ideale streitet. Eine solche Welt mag friedlich sein, aber sie ist langweilig.[149] China ist nicht langweilig. Das Ideal einer demokratischen Meritokratie – so unvollkommen es die politische Realität prägt – ist die einzige lebensfähige Alternative zur liberalen Demokratie. Ich habe das Privileg, dieses Experiment für China aus nächster Nähe zu beobachten. Was könnte sich ein politischer Theoretiker mehr wünschen? Allerdings bedarf es der Redefreiheit, um seine Ideen zu kommunizieren. Sonst bleibt selbst die beste Theorie stumm.

Tatsächlich bin ich kein Fundamentalist der Redefreiheit. Wie bereits erwähnt, habe ich Revisionen vorgenommen und genehmigt, damit meine Bücher die politische Zensur überstehen. Ich bin durchaus bereit, ein Argument auf eine etwas indirekte Weise umzuschreiben, wenn das nötig ist, damit meine Schriften das Licht der Welt erblicken. Ebenso bin ich bereit, ein Argument oder ein Beispiel zu streichen, sofern es nicht zentral für die Hauptthese ist. Dennoch sind die aktuellen Entwicklungen in China – mehr Repression, weniger Redefreiheit – für jeden, der für die akademische Freiheit einsteht, zutiefst besorgniserregend.

Meine Ansichten sind im akademischen Milieu in China weit verbreitet: Was auch immer öffentlich gesagt wird, privat habe ich noch keinen chinesischen Intellektuellen – sozialistisch, liberal oder konfuzianisch – getroffen, der sich für die Zensur wissenschaftlicher Arbeiten ausspricht. Zensur entfremdet Intellektuelle. Meine eigenen Studenten betonen gewöhnlich, dass politische Reformen auf der Grundlage des bestehenden Systems und nicht gegen dieses erfolgen sollten. Doch je stärker sie daran gehindert werden, solche Ansichten zu diskutieren, desto größer ist ihre Enttäuschung – und das bedeutet auf lange Sicht nichts Gutes. Offenheit, so meine Überzeugung, kann dem System nur zugutekommen.

Gibt es Gründe, langfristig optimistisch zu sein? Ich denke, ja. Der erste Grund ist der Generationswechsel. Es sind nicht nur Intellektuelle, die sich für die Freiheit des Denkens und Schreibens einsetzen. Auch Verleger und Redakteure in China, insbesondere die jüngeren, stehen auf der Seite dieser Intellektuellen und wollen deren Arbeiten veröffentlichen. Doch sie brauchen die Zustimmung von Parteiapparatschiks und älteren revolutionären Veteranen, die oftmals die zeitgemäßen Vorstellungen vom Wert des freien intellektuellen Austauschs nicht teilen. Warum verfügen diese weiterhin über eine solche Entscheidungsmacht? Eine Ursache mag im traditionellen Wert der Ehrfurcht vor den Älteren liegen. Genau das aber macht mich zuversichtlich: Mit der Zeit dürfte die relativ aufgeschlossene neue Generation von Führungskräften mehr Einfluss gewinnen. Das könnte allerdings noch einige Jahrzehnte dauern, wenn nicht *Glasnost*-ähnliche Signale von oben die Entwicklung beschleunigen.

Allerdings könnte die jüngste Generation von Studierenden nationalistischer geprägt sein als jene der 1980er

Jahre, die den Westen noch als Maßstab für sozialen und politischen Fortschritt betrachtete. Heute orientieren sich meine Studenten zunehmend an Chinas eigenen Traditionen und sind zugleich stolz auf die Errungenschaften ihres Landes in den letzten Jahrzehnten. Gerade das spricht für weniger Zensur: Eine jüngere Generation, die selbstbewusster ist und mehr Auslandserfahrung mitbringt, lässt sich nicht so leicht von ausländischer „Propaganda" beeinflussen und ist durchaus in der Lage, ihr Land gegen ungerechte Kritik zu verteidigen. Doch je mehr Zensur sie erleben, desto mehr richtet sich ihr Unmut gegen die eigene Regierung.

Ein zweiter Anlass zu Optimismus ist, dass nicht nur Wissenschaftler für Redefreiheit plädieren. Auch Journalisten und Künstler sind über die Einschränkungen zunehmend frustriert. Wie Wang Pei und ich in einem Kommentar in der *South China Morning Post* argumentierten,[150] wurden der Gesellschaft die Gefahren erhöhter Zensur spätestens im Dezember 2019 bewusst: Damals warnte Dr. Li Wenliang Kollegen – vor allem Ärzte mit hohem Infektionsrisiko – vor einem neuen Virus, das später als Covid-19 bekannt wurde. Doch die lokalen Behörden warnten ihn, keine Gerüchte zu verbreiten. Im Februar 2020 erlag Dr. Li selbst dem Virus. Sein Tod löste breite Empörung in den sozialen Medien aus und mobilisierte die öffentliche Meinung auf neue, kraftvolle Weise. Ein überwältigender gesellschaftlicher Druck für mehr Redefreiheit schien sich aufzubauen. Die Regierung müsse sich anpassen, zumindest solle sie es sich zweimal überlegen, bevor sie Experten zensiert, die ihre Forschung teilen oder ihre Sorgen äußern wollen.

Es läge im ureigenen Interesse der Regierung, Forderungen nach mehr Transparenz nachzukommen. Denn solange nur offiziell genehmigte Ansichten öffentlich geäußert werden, haftet die Verantwortung für alle Missstände an den politischen Führern. Mehr Offenheit jedoch würde Verantwortung verteilen; Die Regierung könnte Problemen frühzeitig entgegenwirken, bevor sie eskalieren; die Verantwortung für ein etwaiges Versagen ließe sich durch öffentliche Untersuchungen, von Experten unterstützt, von den zentralen Führern auf die zuständigen lokalen Behörden verlagern.

Doch politische Realität hat ihre Weise, Wunschdenken zu durchkreuzen. Leider muss ich feststellen, dass sich die Situation seit dem Tod von Dr. Li Wenliang weiter verschärft hat. Im Jahr 2015 schrieb ich in der *New York Times* einen Kommentar über die Aussichten auf Redefreiheit in China und schloss mit den Worten: „Ich bin zuversichtlich, dass sich die Verhältnisse schließlich lockern werden. Ich gestehe jedoch, dass ich vor zehn Jahren noch zuversichtlicher war."[151] Heute ist es noch schwerer, optimistisch zu bleiben. Aber wer weiß, vielleicht werden wir doch noch angenehm überrascht.

Als ich 1994 Singapur verließ, erlebte ich eine Phase wachsender Repression. Einschränkungen der Redefreiheit nahmen zu, und ich konnte nicht einmal Mills *On Liberty* im Unterricht behandeln. Der Abteilungsleiter, ein Parlamentsabgeordneter der regierenden People's Action Party, erklärte mir, das Thema sei für Studierende politisch zu heikel. Singapurs Universitäten waren damals weit repressiver als die in China. Wider Erwarten machten sie jedoch enorme Fortschritte in Bezug auf die Redefreiheit, was wiederum ihre akademische Leistungsfähigkeit stärkte. 2013 kehrte ich an dieselbe Abteilung der National University of Singapore zurück, die mich zwei Jahrzehnte zuvor entlassen hatte. Nun hatte ich uneingeschränkten Zugang zu Materialien in Englisch und Chinesisch, die es mir ermöglichten, ein Buch über die chinesische Politik zu schreiben. Was für ein frischer Wind im Vergleich zu China!

Vielleicht weist der Fortschritt in Singapur auch Chinas Universitäten den Weg in eine hoffentlich nicht allzu ferne Zukunft. Könnte es sein, dass wir eines Tages auf die derzeitigen Einschränkungen der Redefreiheit in China zurückblicken werden als auf das Ende einer repressiven Ära?[152] Sollte dies in meiner Lebenszeit passieren, biete ich jedem, der mich an diese Aussage erinnert, ein Glas *Baijiu* (weißer Schnaps) an.

Vom öffentlichen Intellektuellen zum Universitätsbeamten

In westlichen Ländern existiert kein formelles System staatlicher Zensur. Die eigentliche Bedrohung für die Redefreiheit, wie schon J. S. Mill argumentierte, geht von der öffentlichen Meinung aus. Bestimmte öffentliche Vorurteile steuern, welche Geschichten nachrichtenwürdiger erscheinen als andere, und diese Geschichten verstärken wiederum die Vorurteile. Besonders deutlich zeigt sich dies in Bezug auf die chinesische Politik: In westlichen Ländern gilt die Meinung, es handle sich dabei stets um schlechte Nachrichten und es ist schwierig, etwas anderes zu publizieren.

2008 schrieb ich einen Kommentar im *Guardian* und beklagte „die Art und Weise, wie China in der westlichen Presse dämonisiert wird. Alles Positive über China führt zu Vorwürfen, ein ‚Apologist‘ des Regimes zu sein. Hin und wieder findet eine Geschichte, die versucht, etwas Kontext oder Balance zu liefern, ihren Platz in der westlichen Presse, doch sie geht im täglichen Trommelfeuer feindseliger Berichte unter."[153]

Im Rückblick frage ich mich, warum ich mich damals so beklagte. Es waren die goldenen Jahre für jene von uns, die ein nuancierteres Bild von China vermitteln wollten, einschließlich positiver Nachrichten. Im eigenen Fall konnte ich aus meiner Sicht ausgewogene Kommentare zur chinesischen Politik so gut wie überall veröffentlichen. Ich war noch ein relativer Neuling in Festlandchina – 2004 war ich angekommen –, hatte aber nahezu freien Zugang zu führenden westlichen Medien. Ohne zu übertreiben, konnte ich wohl mit gutem Recht behaupten, ein öffentlicher Intellektueller von globalem Einfluss zu sein.

Der Guardian bat mich, für seine neu gegründete Online-Rubrik „Comment Is Free" Kommentare zur chinesischen Politik und Gesellschaft zu schreiben. Ein Meinungsredakteur der *New York Times* besuchte mich regelmäßig in Peking und veröffentlichte fast alles, was ich ihm schickte. Ich empfahl chinesische Wissenschaftler als Gastautoren und er brachte die Möglichkeit einer institutionellen Zusammenarbeit mit Universitäten auf dem chinesischen Festland ins Gespräch. Reporter der *New York Times* suchten meinen Rat zur chinesischen Politik. *Newsweek* lud mich ein, während der Olympischen Spiele 2008 in Peking einen Gastblog zu führen. Ich veröffentlichte Beiträge sowohl in konservativen Medien wie der *Financial Times* und dem *Wall Street Journal* als auch in liberalen Publikationen wie *The Atlantic* und sozialistischen Zeitschriften wie *Dissent*. Ich wurde eingeladen, Vorträge auf dem jährlichen Weltwirtschaftsforum in Davos und Dalian sowie auf kleineren WEF-Veranstaltungen weltweit zu halten. Der Chefredakteur von *Foreign Affairs* schrieb mir, dass er künftig gerne meine Arbeiten veröffentlichen würde. Reporter der führenden kanadischen Zeitung *Globe and Mail* widmeten meiner Arbeit in China zwei ausführliche Porträts. Ich wurde häufig von CNN und der BBC interviewt. Das Canadian Broadcasting Network und die Voice of America produzierten lange Beiträge über mein Leben in China. Französische Medien führten Interviews mit mir, und meine Kommentare wurden von *Project Syndicate* in Dutzende Sprachen übersetzt. Reporter aus aller Welt interessierten sich für mein Buch *China's*

New Confucianism, das mit einem Aufsatz unter dem Titel „From Communism to Confucianism" begann und vorhersagte, die KPCh werde sich eines Tages in die Chinesische Konfuzianische Partei umbenennen.[154]

Mit großer Leidenschaft veranstaltete ich Salons im „Purple Haze", einem Restaurant, das ich in Peking mitbetrieben habe. Dort brachte ich ausländische Journalisten und lokale Wissenschaftler zu informellen politischen Diskussionen zusammen, deren Ergebnisse ich kurz darauf in Artikeln und Kommentaren veröffentlicht sah. Ich erhielt Einladungen, mich für Lehraufträge an führenden Universitäten in den USA und Kanada zu bewerben. Es bestand ein echtes Interesse an den Erfahrungen eines ausländischen Politikwissenschaftlers, der in Peking lebte und arbeitete – und ich hatte das Gefühl, mitten im Geschehen zu stehen.

Alles brach zusammen. Nach und nach verlor ich den Zugang zu den führenden westlichen Medien. Ich werde von ihnen nicht mehr kontaktiert. Ironischerweise: Je länger ich in China blieb – inzwischen fast zwei Jahrzehnte – und je gründlicher ich die Feinheiten der Gesellschaft und des politischen Systems verstand, desto schwieriger wurde es, meine Sichtweisen in den großen Medien des Westens unterzubringen.

Was war geschehen? Zum Teil war es das Ergebnis politischer Kräfte, die die öffentliche Meinung im Westen gegen China gewendet hatten. Die Dämonisierung Chinas erreichte ein Ausmaß, das ich mir 2008 kaum hätte vorstellen können. Damals fürchtete ich vor allem extreme rechtsgerichtete Militaristen in den USA, die eine langfristige Konfrontation mit China vorbereiteten. Heute aber sind sich alle führenden Stimmen im Westen über die „China-Bedrohung" einig.[155] Es besteht ein nahezu universeller Konsens darüber, dass China von einer „bösen" Regierung geführt werde, die ihren eigenen Bürgern schade und zugleich andere Nationen gefährde. Es ist beinah unmöglich geworden, davon abweichende Standpunkte zu vertreten. Die öffentliche Meinung lässt das nicht zu. Theoretisch stimmen Liberale und Konservative über die Notwendigkeit einer offenen Medienlandschaft überein – mit vielfältigen, kontroversen Perspektiven, die den Status quo in Frage stellen. In der Praxis jedoch geht es, was China betrifft, fast nur in eine Richtung: negative Nachrichten, vor allem in Bezug auf das politische System.

Warum dieser Wandel seit 2008? Teilweise liegt er an zunehmender Repression innerhalb Chinas. Heute sind es nicht mehr nur die Tibeter, die Einschränkungen erfahren: Die Uiguren sind möglicherweise noch schlimmer betroffen. Die Abschaffung der Amtszeitbeschränkung für den Präsidenten weckt Befürchtungen einer Rückkehr zur maoistischen Ein-Mann-Diktatur. 2013 blockierte die Regierung den Webzugang zur *New York Times;* dies ebnete den Weg für die Blockierung anderer westlicher Medien. Kaum überraschend verschlechterte sich daraufhin die Berichterstattung über China.

Dennoch gibt es eben nicht nur schlechte Nachrichten aus China. Umweltbelange werden heute viel ernster genommen, extreme Armut wurde überwunden, die Korruption drastisch eingedämmt. Die Regierung hat Covid nach dem anfänglichen Debakel in Wuhan weitgehend unter Kontrolle gebracht, bis Omicron zwei Jahre später Shanghai traf. Ganz zu schweigen davon, dass China seit 1979 keinen Krieg mehr geführt hat.

Warum also die zunehmende Feindseligkeit und Dämonisierung? Meiner Einschätzung nach, weil man erkannte, dass „sie" nicht wie „wir" sein werden.[156] Diese Reaktion gründet in einer Form der Selbstliebe. Es war in Ordnung, Chinas wirtschaftliche und politische Entwicklung zu unterstützen, solange das Land als eine weniger entwickelte Zivilisation galt, die schließlich die vermeintliche

Überlegenheit des westlichen Kapitalismus und der liberalen Demokratie anerkennen würde. Doch diese Hoffnung hat sich verflüchtigt. Zum einen hat China seine eigene Vergangenheit (wieder-)entdeckt. Während des 20. Jahrhunderts suchten chinesische Liberale und Marxisten im Westen nach Inspiration – was westlicher Eitelkeit geschmeichelt haben mag. Heute jedoch sind die Chinesen stolz auf ihr eigenes Erbe und wenden sich Traditionen wie dem Konfuzianismus zu, um über wirtschaftliche, soziale und politische Reformen nachzudenken.

Die eigentliche Sorge des Westens ist jedoch, dass „sie" „uns" übertreffen werden. Die Schwächen westlicher Demokratien werden immer offensichtlicher. Populisten ohne politische Erfahrung können gewählt werden, indem sie Lügen verbreiten und niedere Emotionen schüren. Vor allem die USA verlieren ihre wirtschaftliche Dominanz. Während man China einst als bloßen Nachahmer belächelte, fürchtet man heute Unternehmen wie Huawei, weil sie innovativer sind als amerikanische Wettbewerber. Hinzu kommt, dass die Vereinigten Staaten unter der ersten Amtszeit von Präsident Trump ihre globale Verantwortung fast vollständig aufgegeben haben (unter Präsident Biden hatte sich die Lage leicht verbessert, doch nationaler Egoismus dominierte weiterhin).

Die Probleme sind zum Teil im demokratischen System selbst verwurzelt. Globale Herausforderungen wie der Klimawandel erfordern Rücksicht auf künftige Generationen weltweit. Doch politische Gleichheit in Wahl-Demokratien endet an den Grenzen der eigenen Gemeinschaft: Wer außerhalb lebt, wird vernachlässigt, besonders wenn seine Interessen denen der Wählergemeinschaft widersprechen. Der nationale, generationenbezogene Fokus der demokratisch gewählten Führer ist Teil des Systems: Sie sollen ihren Wählern dienen, nicht etwa kommenden Generationen und schon gar nicht Ausländern.

Das politische System Chinas ermöglicht trotz seiner Mängel eine ernsthaftere Berücksichtigung langfristiger und globaler Interessen. Daher erwarten manche Beobachter, dass das Land beim Kampf gegen die Klimawandel eine Führungsrolle übernehmen werde.[157]

Globale Herausforderungen erfordern langfristige Planung. Betrachte man die Entwicklung der Künstlichen Intelligenz: Niemand kann die Zukunft vorhersagen, doch sicher ist, dass KI unser Leben in den kommenden Jahrzehnten radikal verändern wird. Die chinesische Regierung entwickelt daher Strategien, um diesen Wandel sozial wünschenswert zu gestalten.[158]

Auch die Nachbarschaftspolitik folgt diesem Ansatz. Chinas Führung weiß, dass das Land nur gedeihen kann, wenn auch seine Nachbarn gedeihen: Die Initiative „Belt and Road" soll die Infrastruktur in den angrenzenden Ländern fördern, als Grundlage für deren wirtschaftliche Entwicklung. Große chinesische Staatsunternehmen sind bereit, kurzfristige Verluste für langfristige Gewinne in Kauf zu nehmen. Die politische Führung in den Vereinigten Staaten und anderen Wahl-Demokratien hingegen denkt oft nur bis zur nächsten Wahl und tut sich schwer, über vier oder fünf Jahre hinaus zu planen.[159]

Was aber kann gegen die weit verbreitete Dämonisierung der KPCh getan werden? Zunächst gilt es, die politische Dichotomie „Demokratie versus Autoritarismus" aufzubrechen. Die Debatte in diesen Kategorien hilft nicht, das politische System Chinas zu verstehen. Es ist irrig anzunehmen, alle Staaten ohne demokratische Wahlen teilten automatisch die gleiche autoritäre Natur. China wird weder von einer Familie noch vom Militär regiert. Im Prinzip handelt es sich um eine politische Meritokratie: Es herrschen gleiche Chancen in Bildung und Verwaltung, wobei Führungspositionen an relativ tugendhafte und qualifizierte Mitglieder der politischen Gemeinschaft vergeben werden.[160] Die Grundidee ist hierbei, dass jeder Mensch das Potenzial hat, eine vorbildliche Persönlichkeit zu werden, doch im realen Leben variiert die Fähigkeit, kompetente und moralisch gerechtfertigte politische Urteile zu fällen. Eine zentrale Aufgabe des politischen Systems besteht deshalb darin, diejenigen mit überdurchschnittlicher Urteilskraft und herausragenden Kapazitäten zu identifizieren. Daher hat China in den letzten Jahrzehnten ein komplexes bürokratisches System aufgebaut, das öffentliche Beamte mit politischer Erfahrung und überdurchschnittlichen Fähigkeiten und Tugenden auswählen und fördern soll.

Natürlich besteht zwischen Ideal und Realität eine gewaltige Lücke. China ist eine höchst unvollkommene politische Meritokratie, so wie die Vereinigten Staaten eine höchst unvollkommene Demokratie sind. Doch politische Meritokratie kann und sollte als moralischer Standard dienen, um die Auswahl von Spitzenführern in China zu verbessern, genauso wie die Wahl-Demokratie in den Vereinigten Staaten ein moralischer Standard für Verbesserungen sein kann und sollte.

Dabei geht es nicht darum, die Gültigkeit universeller politischer Werte in Frage zu stellen. Alle Länder müssen grundlegende Menschenrechte achten – „negative Rechte", wie nicht getötet, gefoltert, versklavt zu werden, ebenso wie „positive Rechte" auf ein gewisses Maß an materiellem Wohlergehen. Aber die Wege zur Auswahl und Förderung politischer Führungskräfte können verschieden sein. Warum sollten alle Länder dieselben Mechanismen verwenden? Was angemessen ist, hängt von Geschichte, Kultur, Größe und den aktuellen Bedürfnissen eines Landes ab. Was in den Vereinigten Staaten funktioniert, muss nicht auch in China funktionieren. Nur wenige chinesische Intellektuelle oder politische Reformer würden das bestreiten. In den Vereinigten Staaten und anderen westlichen Ländern jedoch scheint es fast unmöglich, die dogmatische Überzeugung zu erschüttern, dass „eine Person, eine Stimme" der einzig moralisch legitime Weg zur Auswahl politischer Führer sei.

Während ich dies schreibe, bin ich mir bewusst, was viele westliche Leser denken werden: Dieser Kerl ist „eingeboren". Er ist ein Apologet, ein Kommunistensympathisant, ein Mitreisender, ein nützlicher Idiot oder, mein persönlicher Favorit (weil es mich zum Lachen brachte), ein „akademischer *Wumao*".[161] Auch das erklärt, warum ich den Zugang zu den Mainstream-Medien im Westen verloren habe. 2008 galt ich noch als ein idealistischer konfuzianischer Denker, der Politik und Alltagsleben in China erhellen kann. Niemand zweifelte an meiner kritischen Perspektive und meiner Unabhängigkeit als Gelehrter.

Doch die Wahrnehmung begann sich zu verschieben, als ich 2012 gemeinsam mit Eric Li einen Kommentar in der *Financial Times* veröffentlichte: „In Defense of How China Picks Its Leaders". Der Titel (nicht von uns gewählt) war irreführend, denn wir betonen ausdrücklich, dass Chinas politische Meritokratie erhebliche Mängel aufweist: „Am offensichtlichsten ist die weit verbreitete Korruption. Amts- und Altersgrenzen helfen, die ‚Wächter zu bewachen', doch mehr ist nötig, um Machtmissbrauch einzudämmen, wie eine offenere und glaubwürdigere Medienlandschaft, mehr Transparenz, ein effektives Rechtssystem, höhere Beamtengehälter und unabhängigere Anti-Korruptionsbehörden."[162]

Der Kommentar entfachte dennoch eine Kontroverse, und ich musste immer wieder betonen, dass ich ein Ideal verteidige, nicht die Realität. Um Klarheit zu schaffen, beschloss ich, ein ganzes Buch über Chinas höchst unvollkommene politische Meritokratie zu schreiben. Darin wollte ich das Ideal systematisch darlegen, die Kluft zwischen Ideal und Wirklichkeit aufzeigen und Wege vorschlagen, diese zu verringern. Niemand, so dachte ich, könnte meine kritische Perspektive für eine Verteidigung des Status quo halten, sobald das Buch erschienen wäre! Doch *The China Model: Political Meritocracy and the Limits of Democracy*, 2015 bei Princeton University Press veröffentlicht, verschlimmerte die Dinge noch. Rückblickend erkenne ich, dass das Problem möglicherweise im Titel liegt, der hauptsächlich aus Marketinggründen gewählt wurde und als eine Verteidigung des Status quo erscheinen mag.[163] Ein nüchternerer Titel wie „Politische Meritokratie in China: Ideal und Realität", hätte Missverständnisse vermeiden können. Aber dafür war es zu spät.

Der letzte „Nagel am Sarg" war schließlich meine Ernennung zum Dekan der Fakultät für Politikwissenschaft und öffentliche Verwaltung an der Shandong-Universität. Offensichtlich, so schien es, konnte mir eine solche Position nur verliehen werden, weil „sie" auf meine Loyalität zählen konnten. Damit galt es als ausgeschlossen, dass ich noch eine kritische Perspektive auf die zeitgenössische chinesische Politik entwickeln könnte.

Ich muss allerdings zugeben, dass auch meine eigenen Charakterfehler – eine Überempfindlichkeit gegenüber als unfair empfundener Kritik und eine gewisse paranoide Ader, ganz zu schweigen von schlichter Dummheit – dazu beigetragen haben, dass ich von den dominierenden Medien im Westen effektiv zum Schweigen gebracht wurde. Beim *Guardian* wurde ich von „Comment Is Free" ausgeschlossen, noch bevor ich in den Köpfen vieler Menschen „vom Konfuzianer zum Kommunisten" mutierte. Ich hatte ein paar Beiträge geschrieben, war jedoch frustriert über Überschriften, die mich wie einen Apologeten der chinesischen Regierung aussehen ließen. Auf meine Beschwerden beim Redakteur reagierte niemand. Wie bei anderen Medien im Westen behielten sich die Redakteure das Recht vor, Überschriften ohne Rücksprache mit den

Autoren zu wählen. Schließlich erlaubte ich mir im Kommentarbereich meines eigenen Kommentars eine sarkastische Spitze: „Ist der Kommentar frei?" Die Antwort kam prompt: eine E-Mail mit der Drohung, mich wegen Verleumdung zu verklagen. Ich entschuldigte mich kleinlaut, doch von da an wurde keiner meiner Beiträge mehr für „Comment Is Free" veröffentlicht.

Meine Zusammenarbeit mit der *New York Times* endete auf ähnlich dramatische Weise. Umso überraschter war ich im Jahr 2017, als ein Meinungsredakteur zunächst einen Kommentar akzeptierte, den ich über die „chinesische Identität" geschrieben hatte. Ich argumentierte, dass „Chinesischsein" eine Frage der Kultur und nicht der Rasse sei. Er bat um Faktenchecks, bevor der Text veröffentlicht würde, und ich schickte ihm die Referenzen, wobei ich meinen Freund, Professor P., einen Experten für chinesische Geschichte, in Kopie setzte. Er hatte mir bei den historischen Passagen geholfen.

Doch am Abend vor der geplanten Veröffentlichung rief mich mein Redakteur an, um zu sagen, dass es ein Problem gab: Teile des Artikels schienen plagiiert zu sein. Ich war schockiert! Er verwies auf einige sachliche Aspekte, darunter einen längeren Satz, der wörtlich aus einem Artikel von Professor P. stammte. Ich entgegnete, dass ich den Satz bewusst zitiert, P. ausdrücklich erwähnt und ihn von Anfang an in die Korrespondenz einbezogen hatte — wo also sollte die böse Absicht liegen? Mein Redakteur fragte, warum ich keine Anführungszeichen verwendet hätte. Ich war verblüfft. Mir fiel ein, dass ich Tausende von Meinungsartikeln gelesen und Dutzende selbst geschrieben hatte, aber nie die Konvention bemerkt hatte, dass in diesem Genre Zitate ohne Referenzen zwingend durch Anführungszeichen markiert werden. In meinen akademischen Arbeiten folge ich selbstverständlich der Regel Anführungszeichen plus Fußnote. In Kommentaren hingegen erscheinen Anführungszeichen ohne Referenzen dem akademischen Auge „nackt".

Ich fühlte mich dumm, entschuldigte mich und fügte hinzu, dass es sich um ein Missverständnis handle, das sich leicht korrigieren ließe – ein paar Anführungszeichen um den Satz, und die Sache wäre erledigt. Mein Redakteur wollte sich mit Kollegen beraten. Wenige Stunden später meldete er sich zurück und erklärte, dass die *New York Times* keine plagiierten Artikel veröffentlichen werde.

Ich war nicht glücklich: Ich konnte akzeptieren, dass sie meinen Beitrag wegen meines tatsächlichen Fehlers nicht veröffentlichen, aber bitte nicht unter Verwendung des Wortes „Plagiat", das auf die böse Absicht hinweist, die Worte eines anderen unautorisiert zu verwenden. Aus meiner Sicht war es ein Missverständnis, das leicht durch das Hinzufügen von ein paar Anführungszeichen hätte korrigiert werden können. Trotzdem versuchte ich, höflich zu bleiben. Ich sagte: „Danke für Ihre Hilfe und ich werde den Beitrag woanders einreichen". Er antwortete mit einer E-Mail, in der er behauptete, ich hätte einen schweren ethischen Verstoß begangen und sollte das Stück nicht anderswo veröffentlichen, weil ihn das beunruhigen würde. Ich bewunderte seine Chuzpe, war aber nicht erfreut, dass er meine Integrität in Frage gestellt hatte. Ich antwortete, dass ich etwas Wichtiges zu sagen habe und einen Weg finden werde, es zu veröffentlichen. Ich setzte einige Anführungszeichen um den anstößigen Satz und schickte den Kommentar an das *Wall Street Journal*, das ihn unter der Überschrift „Warum jeder Chinese sein kann" veröffentlichte.[164] Der Kommentar löste großes Interesse und kontroverse Diskussionen aus, und ich plante, mein nächstes Buch zu diesem Thema zu schreiben. Doch es war das Ende meiner Erfahrung mit den Meinungsseiten der *New York Times*.

Eine Wunschliste

Seitdem habe ich den Antrieb verloren, ein öffentlicher Intellektueller im Westen zu sein, auch wenn ich gelegentlich Kommentare in den chinesischsprachigen Medien und der in Hongkong ansässigen *South China Morning Post* sowie längere Essays in neuen, aufgeschlossenen US-amerikanischen Zeitschriften wie *American Affairs* und *American Purpose* veröffentliche.[165]

Insgesamt bin ich sehr dankbar für die vielen kritischen und konstruktiven Rezensionen von Wissenschaftlern und Journalisten in der westlichen Welt, die sich mit meinen Ideen auseinandersetzen und die Argumente vorantreiben. Besonders dankbar bin ich der *Princeton University Press,* die meine Bücher jeglichen politischen Inhalts unzensiert veröffentlicht, im scharfen Kontrast zu dem, was in China möglich ist.

Kehren wir zur zentralen Frage zurück: Die öffentliche Meinung macht es nahezu unmöglich, Kommentare zu veröffentlichen, die ein ausgewogenes Bild der chinesischen Politik in führenden westlichen Medien vermitteln. Wie könnte sich das ändern?

Die Menschen im Westen müssten zulassen, dass ein politisches System, das seine Spitzenführer nicht durch freie und faire Wahlen bestimmt, moralisch legitim sein kann, ebenso wie ein Wirtschaftssystem berechtigterweise Grenzen für die private Anhäufung von Reichtum zum Wohle des Gemeinwohls setzen kann. Auf Chinas Seite müsste das politische System weniger repressiv und menschlicher werden. China sollte westliche Journalistinnen und Journalisten willkommen heißen und ihnen freie Hand geben, so zu berichten, wie sie es für richtig halten.

Im Fall der *New York Times* war auf dem Höhepunkt der Covid-Pandemie der einzige Reporter vor Ort Keith Bradsher, der auf Basis lokaler Kenntnisse ausgewogene

Berichte lieferte und den anglophonen Leserinnen und Lesern ein differenziertes Bild des Landes bot.[166] Mehr solcher Geschichten könnten dazu beitragen, die öffentliche Meinung im Westen zu verändern.

Informelle Onlineberichte leisten ebenso einen hilfreichen Beitrag. Die Barretts, ein britisches Vater-Sohn-Team, sind ein gutes Beispiel. Auf ihren Reisen durch verschiedene Regionen Chinas produzieren sie aufschlussreiche und humorvolle Videos, die sie online teilen. Hunderttausende internationaler Zuschauer genießen ihre Darstellung der vielen Details, die das „echte" China charakterisieren. Auch wenn ihre Berichte manchmal zu positiv gefärbt sein mögen, bieten sie doch eine wertvolle Korrektur gegenüber der verbreiteten Negativität der Mainstream-Medien. China ist vielfältig und lebendig, trotz seiner Mängel. Eine der besten Möglichkeiten, dies zu zeigen, besteht darin, Journalisten und Menschen aus dem Ausland als Brückenbauer und Vermittler wirken zu lassen.[167]

Wunschdenken? Vielleicht. Doch erscheint es nicht unvorstellbar, dass auch die führenden westlichen Medien eines Tages wieder verstärkt dazu beitragen werden, China in seiner Vielfalt und Widersprüchlichkeit sichtbar zu machen, und dass sich wieder mehr Raum für eine differenzierte Kommentierung der chinesischen Politik eröffnen wird.

Selbstverständlich ist das formelle System der Zensur in China nicht mit dem informellen System im Westen gleichzusetzen. In China stellt sich dieses weit schwerwiegender dar. Daher hoffe ich inständig, dass China von den Normen akademischer und medialer Freiheit im Westen lernen wird.

Dennoch ließe sich vielleicht auch von der chinesischen Praxis lernen: Die Zensoren sind offener, wenn es darum geht, den Grund einer Ablehnung zu nennen.[168] Meist sagen Redakteure direkt, dass ein Beitrag nicht veröffentlicht werden kann, weil er politisch zu heikel ist. Im Westen hingegen äußert man politische Gründe fast nie. Nach meiner Erfahrung ist das nur ein einziges Mal passiert: Vor rund zwei Jahrzehnten reichte ich einen Meinungsartikel beim *Asian Wall Street Journal* ein, in dem ich für die Legalisierung der Prostitution in China plädierte. Der zuständige Redakteur lehnte den Beitrag jedoch mit dem Hinweis auf die grundsätzliche redaktionelle Ausrichtung der Zeitung ab. Es war eine erfrischend ehrliche Antwort, und ich verstand.

Manchmal wünschte ich, Redakteure führender westlicher Medien wären ebenso offen, wenn sie Beiträge nicht annehmen, etwa weil ihre redaktionellen Leitlinien CCP-kritisch ausgerichtet sind. Doch vermutlich ist es schwieriger, Einschränkungen der Meinungsfreiheit einzugestehen, wenn man sich öffentlich zu ihrem Wert bekennt.

9

Akademische Meritokratie, chinesischer Stil

In einer Wahl-Demokratie ist klar, wer die politischen Führer wählt: die Menschen, die ihre Stimme abgeben. Manchmal werde ich gefragt: Wer wählt die Führer in einer politischen Meritokratie? In China, antworte ich, halb im Scherz, ist es das Organisationsdepartement (组织部). Die höchsten Führungspositionen werden von den Mitgliedern des Politbüros entschieden. Auf der niedrigsten Ebene dürfen die Menschen normalerweise ihre Dorfleiter wählen. Dazwischen jedoch wird der Großteil der öffentlichen Beamten vom Organisationsdepartement ausgewählt, das so etwas wie die weltweit größte und mächtigste Personalabteilung ist, zuständig für etwa siebzig Millionen Personalentscheidungen auf allen Ebenen von Regierung und staatseigenen Unternehmen.[169] Das Ziel ist theoretisch, sicherzustellen, dass die am besten qualifizierten Personen für politische Ämter ausgewählt werden. Zyniker würden hinzufügen, dass es auch die

© Der/die Autor(en), exklusiv lizenziert an Springer Fachmedien Wiesbaden GmbH, ein Teil von Springer Nature 2026
D. A. Bell, *Der Dekan von Shandong,*
https://doi.org/10.1007/978-3-658-50582-0_9

Hegemonie der KPCh über Schlüsselaspekte der Gesellschaft absichert.

Ich war überrascht, dass das Organisationsdepartement auch Führungskräfte in der Wissenschaft auswählt, einschließlich der Leitung meiner eigenen Fakultät. Meine Amtszeit als Dekan begann im Januar 2017, und ich lernte schnell, dass der Dekan nicht viel unabhängige Macht hatte: Alle wichtigen Entscheidungen werden von einer Gruppe von neun Führungskräften getroffen, die aus fünf Vizedekanen, drei Parteisekretären und mir selbst bestand. Es gibt eine klare Aufgabenteilung, doch beraten wird lange, um Probleme zu lösen, wobei jeder Führungskraft eine Art Mitspracherecht zusteht. Mehrere von uns waren neu im Job und anfangs verlief die Zusammenarbeit etwas unbeholfen. Nach ein paar Jahren hatten wir uns jedoch eingespielt und entwickelten ein mehr oder weniger stabiles Entscheidungssystem.

Fast fünf Jahre später wurde mir mitgeteilt, dass es Zeit für einen Führungswechsel sei und das Organisationsdepartement unserer Universität die Personalentscheidungen treffen würde. Wie wurden nun unsere neuen Fakultätsleiter ausgewählt? Zunächst berief das Department ein Treffen mit allen Professoren unserer Fakultät ab dem Rang des Associate Professors ein. Jedes Mitglied des scheidenden Leitungskomitees hielt eine kurze Rede über die eigene Arbeit für die Fakultät, gefolgt von einem Bericht zu Leistungen in Forschung und Lehre. Anschließend mussten wir alle detaillierte Formulare ausfüllen, in denen wir die Leistung jedes Mitglieds nach Kriterien wie Fähigkeit, Fleiß und Tugend bewerteten. Dazu kamen obligatorische Fragen zur politischen Loyalität gegenüber der herrschenden Organisation.[170] Nach einigen Minuten stellten sich die Professoren in einer Reihe auf, um ihre Formulare in eine transparente Box einzuwerfen (vermutlich um die Sauberkeit des Abstimmungsprozesses zu zeigen).

In der folgenden Woche traf ich mich mit Mitgliedern der Organisationsabteilung, die mich mit ernster Miene baten, Kommentare zu den anderen Mitgliedern des scheidenden Komitees abzugeben. Über mich selbst sagte ich, dass ich zunehmend eine symbolische Rolle eingenommen hätte, höchstens noch ein Jahr als Dekan bleiben würde und wir einen Ersatz finden müssten. Zwei Wochen später wurde ich erneut einbestellt. Man präsentierte mir eine Liste ihrer vorläufigen Auswahl für das neue Fakultätsleiterkomitee und fragte nach meinen Anmerkungen. Ich meinte aufrichtig, dass es gute Wahlmöglichkeiten seien. Meine Gesprächspartner baten außerdem um eine implizite Rangordnungen der Vizedekane, offenbar mit Blick auf künftige Führungswechsel. Auf meine Bitte, die Liste der vorläufigen Auswahl behalten zu dürfen, erhielt ich ein klares Nein: Sie sei noch nicht offiziell. Eine Woche später verkündete das Department die endgültige Zusammensetzung des neuen Fakultätsleitungskomitees der nächsten fünf Jahre, einschließlich der jeweiligen Verantwortlichkeiten – identisch mit der mir zuvor gezeigten Liste.

Unser geschäftsführender Vizedekan war in eine höhere Position in Jinan befördert worden, ein fleißiger Kollege übernahm seinen Platz. Unser Parteisekretär behielt seinen Posten und spielte nun eine wichtigere Rolle.[171] Ich selbst blieb Dekan mit der offiziellen Zuständigkeit als „全面负责学院行政工作", was sich als „verantwortlich für die Gesamtverwaltung der Fakultät" übersetzen lässt.[172] Immerhin verbesserte sich das Geschlechterverhältnis: Wir hatten jetzt drei weibliche Führungskräfte, eine Steigerung von 300 % gegenüber fünf Jahren zuvor.

Was halte ich von diesem Auswahlprozess? Einerseits war ich beeindruckt vom Umfang der Konsultationen mit unterschiedlichen Interessengruppen. Der zeitaufwändige Prozess des Sammelns von Einschätzungen, sowohl durch formelle Abstimmungen und Bewertungen als auch durch informelle Gespräche, lieferte dem Organisationsdepartment reichlich Material zur Beurteilung der Kandidaten, um tatsächlich eine gute Wahl zu treffen. Wie Dekane an westlichen Universitäten bestimmt werden, weiß ich nicht aus persönlicher Erfahrung. Doch nach dem, was ich höre, gestaltet sich der Entscheidungsprozess dort keineswegs demokratischer, möglicherweise sogar weniger als etwa an der Shandong-Universität.

Andererseits bleibt der eigentliche Entscheidungsmechanismus undurchsichtig. Ich weiß nicht, in welchem Maße die Abstimmungen und Bewertungen der Professoren wirklich Einfluss hatten. In meinem Fall wohl kaum, da zwischen dem Universitätsparteisekretär und mir bereits ein Jahr zuvor entschieden worden war, dass ich nur ein bis zwei Jahre als symbolischer Leiter im Amt bleiben würde. In anderen Fällen mag das Votum einen Unterschied gemacht haben, wie weitgehend, lässt sich schwer sagen. Gleichwohl stellt sich die Frage, ob mehr Transparenz überhaupt wünschenswert wäre. Ich habe die Bewertungen meiner Kollegen zu meiner eigenen Leistung nie gesehen, was in gewisser Weise eine Erleichterung war. Wahrscheinlich hätte mich das Ergebnis demoralisiert.

Ich erinnere mich an ein Gespräch im Juni 2017 mit einem Leiter der Organisationsabteilung in Shanxi.[173] Ich fragte ihn: Wenn die Führungsauswahl der KPCh doch so großartig sei, warum nicht mehr Offenheit zeigen, um zu belegen, dass der Prozess wirklich so streng und leistungsorientiert ist, wie behauptet? Er antwortete mit einer Gegenfrage: Wie wählen Professoren in der Wissenschaft eigentlich ihre Kandidaten? Ich erklärte, dass die betreffende Abteilung ein Komitee einrichte, dessen Mitglieder in gemeinsamer Beratung die besten Kandidaten bestimmen. Der Leiter fragte, ob die Beratungen öffentlich seien. „Natürlich nicht", sagte ich. Offene Beratungen würden die Aussagen einschränken und wären auch gegenüber den nicht ausgewählten Kandidaten unfair. Daraufhin lächelte er und meinte: „Das Gleiche gilt für uns." Wir müssen das Gesicht der Kandidaten wahren, die nicht ausgewählt wurden. Außerdem, fügte er hinzu, wähle die Organisationsabteilung – eine der prestigeträchtigsten Institutionen des chinesischen politischen Systems – seine Beamten teilweise auch nach ihrer Fähigkeit aus, Geheimnisse zu bewahren.[174] Daher hätte mich die Geheimhaltung unseres Fakultätsführungsauswahlprozesses eigentlich nicht überraschen dürfen. Und doch denke ich, dass die Organisationsabteilung zumindest mehr Transparenz darüber schaffen sollte, welche Faktoren in welchem Maß eine Rolle spielen.

Prüfungen, Wahlen und Bewertungen

Die Auswahl von Studierenden und Professoren wird weit stärker von dem getrieben, was man als „akademische Meritokratie" bezeichnen kann: Kandidaten werden nach ihrer tatsächlichen und potenziellen akademischen Fähigkeit ausgewählt. Politische Loyalität und Tugend sind offiziell kein Teil des Entscheidungsprozesses.

Wie an anderen chinesischen Universitäten werden unsere Bachelorstudenten auf Grundlage der nationalen Universitätseingangsprüfungen *(gaokao)* ausgewählt. Die Note im *gaokao* bestimmt die Hochschulzulassung, mit nur sehr wenigen Ausnahmen.[175] Wer gut abschneidet, kann sich die Fakultät weitgehend aussuchen, und ein Teil unserer Arbeit als Administratoren besteht darin, diese leistungsstarken Schülerinnen und Schüler (nicht minder wichtig: ihre Eltern) davon zu überzeugen, sich für unserer Fakultät zu entscheiden.

Das große Hindernis ist unser Name – „Fakultät für Politikwissenschaft und öffentliche Verwaltung" (政治学与公共管理学院) –, denn das Wort „Politik" (政治) klingt für viele Gymnasiasten langweilig, die Jahre damit verbracht haben, politische Propaganda auswendig zu lernen. Wir müssen daher deutlich machen, dass unsere Studierenden lernen, kreativ über gesellschaftliche Probleme und politische Möglichkeiten nachzudenken und dass Absolventinnen und Absolventen oft anspruchsvolle und vergleichsweise gut bezahlte Stellen im öffentlichen und im privaten Sektor finden. Seit Jahren denken wir über eine Umbenennung in das neutraler klingende „Fakultät für Governance" (政府管理学院) nach, wie es etwa die Peking-Universität getan hat. Aus komplizierten, mir nicht ganz ersichtlichen bürokratischen Gründen haben wir diesen Schritt jedoch noch nicht vollzogen.

Auch Master- und Promotionsstudenten werden durch Prüfungen ausgewählt.[176] Dabei gibt es jedoch mehr Spielraum für subjektive Bewertungen, insbesondere in den mündlichen Prüfungen, die den schriftlichen Prüfungen folgen. Unsere Professoren stellen die Fragen und bewerten die Prüfungen, was den Bachelor-Absolventen der Shandong-Universität, die mit dem System bereits vertraut sind, einen Vorteil verschafft. Es ist nahezu unmöglich, dass jemand mit schlechtem schriftlichen Ergebnis zugelassen wird. Aber sobald eine bestimmte Schwelle überschritten wird, können ältere Professoren mit starken Vorlieben die Auswahl beeinflussen (ähnlich wie vielleicht an führenden westlichen Universitäten).[177]

Im Westen gilt das Erstellen einer hochwertigen Dissertation als der schwierigste Teil des Promotionsstudiums. An unserer Universität geht es hingegen darum, zwei wissenschaftliche Artikel in offiziell anerkannten CSSCI-Zeitschriften (Chinese Social Science Citation Index) zu veröffentlichen. Diese Anforderung stammt aus den Naturwissenschaften, wo es üblich ist, dass Graduiertenstudenten zusammen mit ihren Professoren in Fachzeitschriften publizieren. Für unsere Disziplin ist dies jedoch wenig sinnvoll. Die Philosophische Fakultät der Tsinghua-Universität hat diese Vorgabe vor einigen Jahren abgeschafft. Auch hier erwies sich unsere Universität als ungewöhnlich resistent gegenüber Veränderungen. Ich schlug die Abschaffung vor, wurde aber darauf hingewiesen, dass die Regel von der Universität selbst komme und unsere Fakultät sie nicht einseitig ändern könne. In meinem zweiten Jahr wurde die Anforderung gelockert – es war nun erlaubt, Artikel zusammen mit Professoren zu veröffentlichen. Doch diese Änderung führte zu Missbrauch: Professoren setzten ihren Namen unter Arbeiten, die fast vollständig von ihren Studierenden verfasst worden waren, um deren Abschluss zu unterstützen. (Ich gestehe, dass ich gelegentlich diese Praxis geteilt habe, weil die Dissertationen meiner Doktoranden sonst nicht hätten erscheinen können.) Langfristig müssen wir zu einem System übergehen, in dem die Qualität der Dissertationen im Zentrum steht.

Professoren werden von einem akademischen Ausschuss unserer Fakultät ausgewählt und befördert (zusätzlich müssen sie auf einer höheren Ebene von einem universitätsweiten Ausschuss bestätigt werden, der unsere Auswahl selten ablehnt). Der Ausschuss besteht aus fünfzehn Professoren, die von rund siebzig Professoren unserer Fakultät ab dem Rang Associate gewählt werden. Es handelt sich um ein enorm wichtiges Gremium und die meisten empfinden es als Ehre, von ihren Kollegen dorthin gewählt zu werden.

Zwei Jahre nach Beginn meiner Amtszeit als Dekan fand eine Wahl neuer Mitglieder statt (davor konnte ich zwar an Sitzungen teilnehmen, aber ohne Stimmrecht). Jeder Professor hatte eine Stimme und ich war beeindruckt von der Transparenz des Prozesses. Alle Stimmen wurden einzeln vor der gesamten Fakultät gezählt, vermutlich um Bedenken wegen möglicher Manipulationen zu zerstreuen. Zugleich empfand ich es als hart für jene Professoren, die am Ende ohne Stimme blieben. Dies kam einem erheblichen Gesichtsverlust gleich, der ein Gefühl der Entfremdung von der Fakultät noch verstärken konnte (ideal wäre es gewesen, nur die Gewinner bekannt zu geben und auf die Korrektheit der Stimmenzähler zu vertrauen). Zu meiner Erleichterung war der Dekan vom Abstimmungsprozess ausgenommen und automatisch Mitglied des akademischen Ausschusses, ohne von den Kollegen gewählt werden zu müssen. Dies schien zu der Zeit eine *Ad-hoc-*Entscheidung gewesen zu sein, die mein Gesicht wahren sollte – was offenbar wichtiger war als das strikte Bekenntnis zu voller innerfakultärer Demokratie.

Die akademische Meritokratie zeigt sich am deutlichsten im Einstellungsprozess. Wie an westlichen Universitäten werden die Kandidaten in erster Linie nach akademischer Leistung beurteilt. Wir prüfen Lebensläufe und Empfehlungsschreiben und interviewen die Kandidaten vor dem Ausschuss. Dabei spielen politische Aspekte manchmal eine Rolle. Kandidaten, die Parteimitglieder sind, weisen dies in ihren Lebensläufen aus. Zwar diskutieren wir dieses Kriterium nicht explizit, aber es wird angenommen, dass solche Bewerber intelligent und teamfähig sind. Im Prinzip könnten Kandidaten aus politischen Gründen abgelehnt werden. Solche Fälle sind in unserer Fakultät selten, kommen aber vor.

Kurz nach der ersten Wahl von Donald Trump zum Präsidenten der Vereinigten Staaten (bevor ich Dekan war), erwogen wir die Einstellung eines bekannten chinesischen Professors, der an einer westlichen Universität lehrte, aber in einer bestimmten Phase wurde er abgelehnt. Auf meine Nachfrage, ob es an seiner Kritik an der KPCh liege, hieß es: Nein, er sei zu anti-amerikanisch. Ich lachte und meinte, viele Amerikaner seien seit Trumps Wahl anti-amerikanisch. Die Antwort lautete: „Wir machen uns Sorgen um Extremisten, unabhängig von der Ideologie."

In einem anderen Fall hatte ein ausländischer Kandidat ein gutes Interview und wir gingen anschließend mit mehreren Ausschussmitgliedern und einem Parteisekretär zum Abendessen. Der Kandidat, leicht alkoholisiert, plädierte für ein stärkeres amerikanisches Eingreifen in Ostasien, da Chinas Einfluss so schädlich sei. Je mehr er trank, desto respektloser verhielt er sich gegenüber meinen chinesischen Kollegen. Mich hingegen überschüttete er mit Lob und erklärte, nur ich könne als Ausländer seine wahren Ansichten verstehen. Nach dem Abendessen äußerten der Parteisekretär und einige Kollegen starken Unmut. Wir verfolgten seinen Fall nicht weiter.

Der akademische Ausschuss entscheidet auch über Beförderungen. Hierbei gilt es sicherzustellen, dass Kollegen auf Basis ihrer akademischen Leistung und nicht wegen persönlicher Freundschaften oder Verbindungen (关系) befördert werden. Wir sind dabei recht streng: Maßstab sind die Forschungsleistungen, gemessen an akademischen Publikationen im SSCI (Social Science Citation Index, englischsprachig) und CSSCI (Chinese Social Science Citation Index, chinesischsprachig).[178] SSCI-Publikationen werden höher bewertet, weil man annimmt (meist zu Recht), dass chinesischsprachige Publikationen stärker von persönlichen Verbindungen mit den Herausgebern beeinflusst werden. Dies benachteiligt jedoch Professorinnen und Professoren, die hochwertige Forschung auf Chinesisch leisten, aber weniger gut auf Englisch schreiben — eine Ironie, da das Land ja insgesamt eher nationalistisch ausgerichtet ist und seinen Stolz auf die chinesische Sprache und Kultur betont.

In Bezug auf die akademischen Verdienste ist das Beförderungssystem alles andere als ideal. Zum einen lesen die Ausschussmitglieder die meisten eingereichten Publikationen gar nicht. Stattdessen zählt die Anzahl der

Publikationen in akademischen Zeitschriften, die nach einer externen Qualitätsbewertung eingestuft sind. Zweitens werden Bücher nicht besonders gewichtet. Diese Voreingenommenheit gegen Bücher hat historische Gründe: Akademische Verlage in China haben keinen besonders guten Ruf, da Autoren ihre Veröffentlichung häufig selbst finanzierten und eine externe Qualitätskontrolle nicht wirklich stattfand. Ich versuche, meine Kolleginnen und Kollegen zu ermutigen, bei renommierten Universitätsverlagen im Westen zu publizieren, aber der Aufwand lohnt sich für jüngere Kollegen oft nicht. Zudem ist für Beförderungen meist der Nachweis staatlicher Forschungsstipendien (项目) erforderlich. Solche Stipendien honorieren mehr den politischen Nutzen als den wissenschaftlichen Beitrag. Mittelmäßige Anträge können erfolgreich sein, weil sie der aktuellen politischen Ideologie entsprechen, etwa den Leitgedanken Xi Jinpings). Auch kurze Artikel in politisch prestigeträchtigen Zeitungen wie der *People's Daily* und der *Guangming Daily* gelten akademischen Publikationen als gleichwertig. Zwar ist es äußerst schwierig, in diesen Zeitungen zu veröffentlichen, doch sie werden nicht nach wissenschaftlicher Qualität, sondern nach politischer Relevanz ausgewählt. Schließlich erschwert die zunehmende Zensur die Arbeit vieler talentierter Kolleginnen und Kollegen. Immer mehr Forschungsbereiche der Politikwissenschaft gelten als tabu. Vor allem junge Professoren klagen, dass sie nicht mehr über soziale Proteste in China publizieren können, selbst wenn ihre Ergebnisse die Regierung günstig darstellen. Politisch heikles Material darf immerhin noch in englischsprachigen Publikationen erscheinen, aber auch hier sind jene chinesischen Professoren im Nachteil, die nicht gut auf Englisch schreiben. Ich versuche durch Empfehlungen von Übersetzern zu helfen, aber deren Dienste sind kostspielig.[179]

Chinesische Akademie als Nummer eins?

Trotz aller Probleme bin ich weiterhin optimistisch, was die akademische Zukunft unserer Fakultät und vielleicht auch der chinesischen Hochschullandschaft im Allgemeinen betrifft. Unsere neuen Mitarbeiter sind in der Regel hervorragend. Sie sind oft im Ausland ausgebildet und in der Lage, hochwertige akademische Arbeiten sowohl auf Chinesisch als auch auf Englisch zu verfassen.[180] Warum gewinnen wir immer bessere Professoren, während gleichzeitig zunehmende politische Einschränkungen die akademische Arbeit in China erschweren? Bei unserer Universität liegt das zum Teil an höheren Gehältern und der Attraktivität eines wunderschönen Campus am Meer, verbunden mit subventionierten Wohnungen für alle Professoren. Auch die Push-Faktoren spielen eine Rolle. Es wird immer schwieriger, gute akademische Stellen im Ausland zu finden, und chinesische Akademiker erfahren in westlichen Ländern zunehmende Diskriminierung. Die anti-chinesische Wende im Westen hat unserer Fakultät paradoxerweise genützt, weil es einfacher geworden ist, talentierte junge chinesische Professoren zu rekrutieren, die ihre Promotion im Ausland abgeschlossen haben. Während Doktoranden früher oft noch auf Stellen im Ausland hofften, werden sie heute zunehmend durch die dort herrschende anti-chinesische Stimmung entmutigt. (Wer als chinesischer Wissenschaftler eine Stelle im Ausland sucht, muss seine positiven Bewertungen der chinesischen Regierung verschweigen.)

Ein weiterer Grund für Optimismus ist der ständige Wettbewerb innerhalb Chinas: Fakultäten und Universitäten kämpfen darum, in nationalen und internationalen Rankings aufzusteigen. Das Bildungsministerium bewertet Fakultäten buchstäblich nach ihrer akademischen Leistung – auch hier ist die Zahl der akademischen

Veröffentlichungen der Schlüsselfaktor. Unsere Fakultät erhielt 2017 die Bewertung B+, und wir haben einen detaillierten Plan entwickelt, um bis zum Jahr 2025 auf A+ zu kommen. Wenn uns das gelingt, bedeutet dies gleichzeitig eine Abwertungen für vergleichbare Fakultäten an anderen Universitäten, da es nur eine begrenzte Zahl von Top-Bewertungen gibt.[181] Die Folge dieses intensiven Wettbewerbs ist ständiger Druck auf Akademiker, mehr zu veröffentlichen, und auf die Verwaltung, noch mehr talentierte Professoren anzuziehen.[182]

Insgesamt bin ich zuversichtlich, dass wir uns akademisch weiter verbessern werden, und ich kann nur hoffen, dass die politischen Einschränkungen mit der Zeit abnehmen. Allerdings möchte ich die Prämisse in Frage stellen, dass akademische Fähigkeiten und Leistungen allein den Wert einer Universität bestimmen. Chinesische Universitäten, fast alle in öffentliche Trägerschaft, betonen ihre Verpflichtung, dem Land und der Welt als Ganzes zu dienen.[183] Der offizielle Slogan der Shandong-Universität lautet „为天下储人才，为国家图富强，" – frei übersetzt: „Talente für die Welt sammeln und das Land stark und wohlhabend machen." Wenn also unsere akademischen Leistungen keinen positiven sozialen Einfluss hätten, hätten wir unsere Mission verfehlt. Die Herausforderung besteht darin, exzellente Forschung zu fördern, die der Gesellschaft zugutekommt, ohne in Propaganda und Zensur abzugleiten, die Akademiker unzufrieden machen.

10

Eine Kritik der Niedlichkeit

Im Bemühen, die internationale öffentliche Meinung über China zu beeinflussen, forderte Präsident Xi Jinping hochrangige Beamte auf, das Land solle ein „glaubwürdigeres, liebenswerteres und respektableres" Bild von sich präsentieren.[184] Diese überraschende Formulierung geht über den bloßen Aufruf hinaus, die „Wolf Warrior"-Rhetorik zu mäßigen. Das Schlüsselwort ist „可爱" *(ke ai)*.[185] *Ke ai* bedeutet wörtlich „kann lieben", in den offiziellen Medien als „liebenswert" übersetzt. Im alltäglichen Gebrauch aber heißt es schlicht „niedlich".

Die Vorstellung von „Niedlichkeit" als einer Form der Soft Power mag zunächst befremdlich erscheinen. Doch die rasche Verbreitung dessen, was man als „Kultur der Niedlichkeit" bezeichnen könnte – die öffentliche Aufwertung niedlicher Tiere, Roboter und Emojis, die den alltäglichen sozialen Austausch prägen – ist eine der faszinierendsten sozialen Entwicklungen im heutigen China. Der Trend begann in den 1970er Jahren in Japan – zu

© Der/die Autor(en), exklusiv lizenziert an Springer Fachmedien Wiesbaden GmbH, ein Teil von Springer Nature 2026

D. A. Bell, *Der Dekan von Shandong,*

https://doi.org/10.1007/978-3-658-50582-0_10

einer Zeit, als das Land weitgehend von Bürokraten aus einem ultra-kompetitiven Bildungssystem regiert wurde. Diese Kultur der Niedlichkeit wurde zunächst von Teenager-Mädchen angeführt und schließlich auf andere Gesellschaftsbereiche übertragen. In den letzten zehn Jahren hat sie sich geradezu wie ein Lauffeuer in China verbreitet. Die Straßen der chinesischen Städte sind bevölkert von lächerlich niedlichen Hunden und Katzen, und der Gebrauch von niedlichen Emojis ist zur Norm für die Kommunikation in sozialen Medien geworden, sogar in offiziellen Kontexten wie dem behördlichen Austausch. In den milden Wintern Shanghais ist es inzwischen beinah obligatorisch, kleine Hunde mit bunten Jacken zu bekleiden, und es wirkt eher befremdlich, auf der Straße einen „nackten" Hund zu sehen.[186]

Warum konnte die Kultur der Niedlichkeit in China so schnell und tief Wurzeln schlagen?[187] Eine Erklärung ist kultureller Natur. In ostasiatischen Ländern, die großen Wert auf Höflichkeit und indirekte Kommunikation legen, können digitale Gespräche leicht Missverständnisse hervorrufen, da ihnen die Mimik der Ehrerbietung oder hierarchische Rituale wie Verbeugungen fehlen. Niedliche oder lustige Emojis dienen hier dazu, die Atmosphäre zu entspannen und das Risiko zu mindern, die Gefühle anderer zu verletzen.[188]

Doch auch meritokratische soziale und politische Systeme liefern eine Erklärung. Studien zeigen, dass das Betrachten niedlicher Bilder die Aufmerksamkeit fokussiert, die Konzentration erleichtert und vorsichtiges Verhalten fördert – ein Vorteil in hochkompetitiven Gesellschaften.[189] Aber die Kultur der Niedlichkeit stellt auch eine Art Rebellion gegen das gesamte System dar: Statt einer langweiligen, pflichtbewussten, männlich geprägten Bürokratie im Dienst des öffentlichen Wohls feiert sie den Wert einer spielerischen und selbstgenießenden Lebensweise.

Simon May bringt es in seinem brillanten und höchst unterhaltsamen Buch *The Power of Cute* auf den Punkt: Die Kultur der Niedlichkeit artikuliere den „Willen, die Ordnung der menschlichen Beziehungen durch Macht (…) in Frage zu stellen". Ein solcher Wille lasse sich insofern durch Niedlichkeit vermitteln, als „diese in der Regel die Beziehung zu einem verletzlichen Objekt oder einem Objekt beinhaltet, das Verletzlichkeit zur Schau stellt oder damit flirtet. Es ist ein Wille zur Befreiung vom Macht-Paradigma (…), als Gegenmittel zu einem Jahrhundert unvergleichlicher Brutalität."[190]

Wenn die Kultur der Niedlichkeit zumindest teilweise die Reaktion auf ein ultra-kompetitives meritokratisches System ist, gestützt durch ein ultra-kompetitives Bildungssystem, wäre zu erwarten, dass sie in entspannteren, weniger wettbewerbsorientierten Gesellschaften auch weniger Einfluss entfaltet. Tatsächlich spielt die Kultur der Niedlichkeit in den glücklichsten Ländern der Welt, wie Dänemark oder Finnland, kaum eine Rolle. In China hingegen ist es nicht ungewöhnlich, dass „harte Kerle" die niedlichen roten oder goldenen Handtaschen ihrer Freundinnen tragen oder männliche Professoren T-Shirts mit niedlichen rosa Teddybären tragen. Solche Szenen wären in den vermeintlich offeneren westlichen Gesellschaften kaum denkbar und würden eher in einem sexualisierten Sinn interpretiert werden.

Warum also legt Xi Jinping nahe, im Ausland das Bild eines „niedlichen" China zu vermitteln?[191] Könnte dies außerhalb Ostasiens nicht ins Leere laufen, gerade in westlichen Gesellschaften, die sich auf Rationalität und Wissenschaft berufen? Doch die Kultur der Niedlichkeit hat auch universelle Strahlkraft. Katzenbilder vereinen verfeindete Internet-Stämme. Und die berühmten Elefanten aus Yunnan traten 2021 ebenfalls dem globalen Kanon der Niedlichkeit bei. Westliche Medien, die normalerweise über Unheil und Verderben in China berichten, verfolgten den ungewöhnlichen Marsch dieser verlorenen und ziellosen Elefantenherde mit sichtbarer Sympathie.[192]

Die Geschichte hatte auch eine politische Dimension – die geschützten Lebensräume können den wachsenden Elefantenbestand kaum mehr tragen.[193] Dennoch lag das Hauptinteresse an der offensichtlichen Verletzlichkeit der Tiere. Elefanten sind weder klein noch schön und doch verkörpern sie eine Art von Niedlichkeit, wenn sie verloren, verletzlich und hilfsbedürftig erscheinen. Der Star der Elefantenherde in Yunnan war übrigens ein Babyelefant, der während der Wanderung der Herde geboren wurde. Wenn dieser, wie ein weltweit beachtetes Drohnenvideo dokumentiert, mühsam aus der Herde hervorkriecht[194] oder ein anderes Mal in einen Graben fällt, ruft dies Mitgefühl hervor.[195] Selbst Mencius' berühmtes Beispiel von einem Kind, das in einen Brunnen zu fallen droht, findet hier seine Parallele.[196]

Das ist die positive Seite. Niedlichkeit in der Tierwelt ist unschuldig. Doch sobald sie gezielt politisch eingesetzt wird, entstehen Risiken. Der Erfolg der Elefantengeschichte hing an ihrem glücklichen Ausgang. Wäre ein Tier gestorben oder hätte ein Elefant Menschen getötet, wäre man vielleicht dem Beispiel der Beamten von Wuhan gefolgt, als Covid ausbrach: Man hätte womöglich versucht, den Vorfall zu vertuschen, mit schwerwiegenden Folgen für Chinas Ansehen im Ausland. So hätte sich Chinas Sieg der Soft Power in eine Niederlage verwandelt. Niedlichkeit als Soft Power funktioniert nur, wenn sie von glaubwürdiger Berichterstattung begleitet wird. Niedlichkeit allein reicht also nicht aus: Sie muss mit anderen Tugenden einhergehen, um sozial positiv wirksam zu sein.

Einige Katzenbesitzer in China lassen ihren Tieren die Augenlider operieren, um „niedlichere" Doppellider zu schaffen[197] – ein schmerzhaftes Verfahren, das im humanen Bereich die verbreitetste Schönheitsoperation in Ostasien ist. Ich möchte lokale Schönheitsideale nicht in Frage stellen. Aber es überschreitet eine moralische Grenze, solche Operationen an Haustieren vorzunehmen.

Die Kultur der Niedlichkeit erfüllt wichtige soziale Funktionen, insbesondere in Gesellschaften mit konfuzianischem Erbe. Wenn im Konfuzianismus die beste Lebensform darin besteht, der Gemeinschaft als öffentlicher Beamter zu dienen, erklärt dies, den hohen Status öffentlicher Beamten in China, von Mitgliedern des Politbüros bis hin zu kleinen Beamten auf dem Land. Die Kehrseite ist jedoch, dass Menschen ohne politische Ämter an sozialem Wert verlieren. Die Kultur der Niedlichkeit legitimiert alternative Wege zu sozialer Anerkennung. Sie wertschätzt Lebensformen jenseits politischer Hierarchien, etwa die wertvolle Arbeit von Pflegenden oder medizinischem Personal.

Doch auch hier lauert Gefahr. Wird Niedlichkeit zum Selbstzweck, kann sie politische Teilhabe zugunsten „nicht-politischer" Lebensformen entwerten und Menschen umso mehr der Manipulation oder Unterdrückung durch den Staat aussetzen. John Stuart Mill bemerkte einst mit Sorge: „Dass es jetzt so wenige wagen, exzentrisch zu sein, markiert die größte Gefahr unserer Zeit."[198] Er meinte, Exzentrik brächte Alternativen zum Status quo zum Ausdruck und ebnete so den Weg für sozialen Fortschritt – aber Exzentrik kann eben auch, die Form entpolitisierter Niedlichkeit annehmen. In Shanghai etwa, dem Epizentrum der Niedlichkeitskultur in China, sind die Bürger weit weniger geneigt, über Politik zu sprechen oder die Regierung zu kritisieren, als im raueren Peking.[199] Die Kultur der Niedlichkeit muss also von einem Engagement für demokratische Beteiligung begleitet werden. Sonst droht das Ideal der politischen Meritokratie zu erodieren, ein politisches System also, das auf der Fähigkeit und

Motivation beruht, der politischen Gemeinschaft zu dienen. Wenn Talente und Tugendträger Politik nicht mehr als erstrebenswert betrachten, verflacht die Regierungsqualität. Und auch Universitäten werden ihre hochqualifizierten Beamten verlieren. Der Beamtenstatus sollte nach wie vor hohe Anerkennung verdienen. Die Kultur der Niedlichkeit hat ihre Berechtigung als alternative Lebensform, aber sie ist um politischere Formen des guten Lebens zu ergänzen.

Überraschenderweise hat die Kultur der Niedlichkeit selbst die Bürokratie, ihr eigentliches Gegenbild, infiltriert. An der Shandong-Universität bemühen wir uns alle, niedlich zu sein. Im WeChat-Austausch zwischen Administratoren überbieten wir uns gegenseitig mit niedlichen Emojis, ein Trend, der sich seit dem Homeoffice während der Pandemie noch verstärkt hat. An der Harvard University etwa sei eine solche Praxis undenkbar, wie mir ein Kollege mitteilte. Emojis helfen, Missverständnisse zu vermeiden und ansonsten langweilige Austausche aufzupeppen (meine Lieblings-Emojis sind die von Marx und Konfuzius mit verschiedenen Gesichtsausdrücken). Aber für Neulinge wie mich ist der Gebrauch auch riskant. Als Antwort auf ein „Kaffee"-Emoji schickte ich versehentlich das „Scheiße"-Emoji in der Annahme, es sei Schokoladeneis. Oder ich schloss meine WeChat-Nachrichten jahrelang oft mit dem Emoji eines lächelnden Gesichts, bis man mir erklärte, dass das lächelnde Gesicht Sarkasmus oder gar Feindseligkeit signalisiert, weil die Augen nicht mitlächeln.[200] Seither benutze ich das korrekte Emoji eines lächelnden Gesichts mit lächelnden Augen.

Noch problematischer ist, dass die Kultur der Niedlichkeit Verantwortung zu untergraben droht. Dies ist keine große Sünde für Teenager-Mädchen, aber möglicherweise eine Katastrophe für öffentliche Beamte, die oft harte verantwortliche Entscheidungen treffen müssen.[201] Der niedlichste politische Führer der jüngeren Zeit ist – nach meiner bescheidenen Einschätzung – der ehemalige Premierminister des Vereinigten Königreichs, Boris Johnson. Er inszenierte sich mit zerzaustem Haar, verwirrtem Blick, selbstironischem Humor und einer gewissen hilflosen Ausstrahlung. Mit fatalen Folgen in der zumindest übereilten Brexit-Entscheidung oder dem zu späten Handeln während Covid. Er wurde von libertären Instinkten geleitet, im Widerspruch zu wissenschaftlichen Faktoren.[202] Im Unterschied dazu zweifelt niemand an der „Verantwortungsethik" von nicht so niedlichen politischen Führern wie der ehemaligen deutschen Bundeskanzlerin Angela Merkel oder dem chinesischen Präsidenten Xi Jinping.[203]

Lassen Sie mich diesen Aufsatz mit einer weiteren Runde der Selbstkritik schließen. Kurz bevor ich das Dekanat an der Shandong-Universität übernahm, erinnerte mich die unerwartet scharfe E-Mail eines ehemaligen Doktoranden der Tsinghua daran, dass auch ich die Tendenz habe, Verantwortung – teils durch „süßes" Auftreten – zu vermeiden.

Der Doktorand hatte einem von mir eingeladenen Gastprofessor geholfen, eine Unterkunft auf dem Campus zu finden, doch es gab Probleme und der Besucher erhielt schlechtere Wohnverhältnisse als erwartet. Ich äußerte meine Enttäuschung in einer E-Mail. Es lohnt sich, die Antwort des ehemaligen Studenten ausführlich zu zitieren:

„Sie haben Prof. [X] eingeladen, nicht ich, nicht [Y], nicht [Z], nicht irgendeiner Ihrer Studenten oder Freunde. Sie sollten also derjenige sein, der vor allen anderen die Lage überblickt. Sie sollten derjenige sein, der die tatsächliche Verantwortung übernimmt. Sie sollten derjenige sein, der es am besten versteht, Dinge in Ordnung zu bringen. Nun, was noch wichtiger ist: Sie sollten der Letzte sein, der das Recht hat, „enttäuscht" zu sein (…).

Wenn ich mich um einen Gastprofessor an der Tsinghua kümmern kann, sollten Sie das auch alleine können. Sie sind der Gastgeber. Gewöhnen Sie sich nicht zu sehr daran, sich wie ein Gast zu verhalten.

Und noch ein Tipp: Meistens macht Süßsein nichts besser. Lösen Sie Probleme immer direkt. Wachsen Sie weiter. Seien Sie kein Riesenbaby – ich habe mich gestern bei meinem Chef darüber beschwert, dass der anstrengendste Teil der Teamarbeit das Babysitten ist. Ehrlich gesagt, habe ich in diesem Moment auch an Sie gedacht."

Ich war verblüfft, weil der Student bisher stets höflich gewesen war. Die E-Mail schien übertrieben: Ich hatte den Studenten um Hilfe gebeten und ihm gedankt, aber hinzugefügt, dass ich ein wenig enttäuscht über das Ergebnis gewesen sei. Was ist falsch daran, etwas Autorität zu delegieren? Kurz darauf sandte er eine Entschuldigung: „Bitte erlauben Sie mir, mich aufrichtig bei Ihnen zu entschuldigen! All diese schädlichen Worte wurden nur von einem betrunkenen Geist gesprochen, nicht von einem rücksichtsvollen Herzen." Ich akzeptierte die Entschuldigung, doch im Rückblick wünschte ich mir, ich hätte mich stärker selbst reflektiert. Ich erkenne jetzt, dass ich die Gewohnheit des „Süßseins" in mein Dekanat übertragen hatte, um Verantwortung zu vermeiden.

Tatsächlich musste ich nicht allzu viele schwierige Entscheidungen treffen, denn unsere Fakultät verfügt über reichlich Ressourcen. Anderswo mögen Kürzungen und Entlassungen ein großes Problem sein, unsere Hauptaufgabe bestand darin, vorhandene Mittel optimal einzusetzen, talentierte Professoren und Studierende zu rekrutieren und Angebote zu unterbreiten, die nicht immer angenommen wurden. Wir verfolgen nicht die Politik, Professoren und Administratoren zu entlassen, die nicht gut arbeiten. Grundsätzlich gibt es eine Art von Tenure-System, doch wir haben noch niemandem die Tenure verweigert. Dennoch müssen Fakultätsleiter manchmal zwischen konfligierenden Interessen und Standpunkten entscheiden, etwa in Bezug auf Preis- oder Stipendienvergaben bei unseren zweiwöchentlichen Treffen. Ich nahm selten an solchen Debatten aktiv teil, und wenn, lenkte ich die Diskussion oft mit einer witzigen Bemerkung ab. So überrascht es nicht, dass meine Kolleginnen und Kollegen selten Rat bei mir suchten.[204]

Auch wenn ich inzwischen nicht mehr Dekan bin, sondern ein Akademiker, der lehrt und schreibt – vor der Kultur des „Süßseins" werde ich auch künftig nicht gefeit sein. „Süßliche" Menschen sind liebenswert, aber sie weisen einen Makel auf: Eitelkeit. Man betrachte die bekleideten Hunde von Shanghai, in denen sich die eitle Selbstdarstellung ihrer Besitzer spiegelt.

Ein buddhistischer Freund fragte mich, was mir das Leben als Akademiker bedeute, welchen Sinn ich darin sehe. Ich gestand, dass es dabei weniger um die Art von Aufgaben geht, um die ich mich als Beamter zu kümmern habe: „akademisches BIP", also die Bewertung unsere Fakultät im Vergleich zu anderen, die Anzahl der Zitate in SSCI- und CSSCI-Zeitschriften,[205] renommierte Forschungsstipendien und so weiter. Vielmehr bin ich stolz, Studenten zu unterrichten und zu ihrer Entfaltung beizutragen. Der konfuzianische Test des akademischen Erfolgs sei, scherzte ich, wie viele Studenten zu meiner Beerdigung erscheinen. Ernster gemeint fügte ich hinzu, dass ich hoffe, für meine Bücher in Erinnerung zu bleiben. Der buddhistische Freund schüttelte den Kopf: „So eitel, so eitel." Aber um Daniel Bell, den großen, leider verstorbenen amerikanischen Soziologen, zu zitieren: „Eitelkeit ist die am wenigsten schlimme menschliche Sünde."[206]

11

Ein Plädoyer für symbolische Führung

1912 wurde in China das kaiserliche System abgeschafft. Doch die Idee der Monarchie war damit nicht gestorben. So plädierte etwa der konfuzianische Reformist Kang Youwei für die Einrichtung eines symbolischen Monarchen, der durch verfassungsrechtliche Beschränkungen gebunden wäre. Das Vorhaben erlitt einen Rückschlag, als Kang 1917 an der gescheiterten Wiederherstellung des Qing-Herrschers teilnahm. Der Sieg der Kommunistischen Partei Chinas 1949 schien dem System der monarchischen Herrschaft endgültig den Todesstoß zu versetzen.

Die Wiederbelebung des Konfuzianismus aber hat zu einer Neubewertung von Idealen und Institutionen aus Chinas kaiserlicher Vergangenheit geführt. Der zeitgenössische konfuzianische Denker Jiang Qing, inspiriert von Kang Youwei, verteidigt die symbolische Monarchie nachdrücklich als ein dem heutigen China angemessenes Ideal. Jiang erkennt zwar, dass es schwierig sei, ein monarchisches System in Ländern wie China wieder einzuführen,

© Der/die Autor(en), exklusiv lizenziert an Springer Fachmedien Wiesbaden GmbH, ein Teil von Springer Nature 2026
D. A. Bell, *Der Dekan von Shandong,*
https://doi.org/10.1007/978-3-658-50582-0_11

die ihre Monarchien abgeschafft haben. Doch er argumentiert, ein symbolischer Monarch könne in den Augen des Volkes auch heute legitim sein, wenn bestimmte Bedingungen erfüllt seien: eine edle und alte Abstammung, die politische Natur dieser Abstammung, deren direkte und ununterbrochene Linie sowie Einzigartigkeit ohne Konkurrenz zu anderen Abstammungen und schließlich der universelle Respekt seitens der Bürger. Nachkommen früherer Kaiser, so Jiang, erfüllten diese Bedingungen nicht (hier unterscheidet er sich von Kang Youwei). Er geht jede der Bedingungen durch und legt dar, dass nur eine Person als symbolischer Monarch im heutigen China qualifiziert sei, „der direkte Erbe von Konfuzius".[207]

Die Schönheit der symbolischen Monarchie

Solche Vorschläge scheinen zweifellos befremdlich. Jiangs Werke können auf dem chinesischen Festland nicht veröffentlicht werden, da sie als politisch zu sensibel gelten.[208] Unter Intellektuellen, die ansonsten dissidenten Ideen offen gegenüberstehen, gilt Jiang weithin als anachronistischer Reaktionär. Dennoch ließe sich grundsätzlich argumentieren, dass symbolische Herrschaft eine gute Idee sei, insbesondere dort, wo sie derzeit existiert. Betrachten wir die britische Monarchie, wo der regierende Monarch symbolische Macht ausübt, während die tatsächliche Politik vom Premierminister gestaltet wird. Das naheliegendste Argument für eine symbolische Monarchie ist, dass die meisten Menschen diese Institution befürworten. Im Vereinigten Königreich sprachen sich 2021 etwa 62 % der Bürger dafür aus. [209] Doch die gleiche Umfrage zeigte: In jüngeren Altersgruppen ist die Ablehnung deutlich stärker. In Kanada bevorzugte nur ein Drittel der Bürger den Fortbestand der Monarchie, 43 % meinten, jüngere Ereignisse hätten rassistische Ansichten der königlichen Familie offengelegt.[210] Gleichwohl bedeutet dies nicht, dass man die

Monarchie abschaffen sollte. Burkeanische Konservative erinnern daran, „dass gute Dinge leichter zu zerstören als zu bewahren und schwer wiederzugewinnen sind, sobald sie einmal verloren gegangen sind."[211] Wenn es wahr ist, dass die Monarchie von Rassismus geprägt war, so wäre die richtige Antwort, sie zu reformieren, nicht zu beseitigen. Auch Präsident George Washington war ein Sklavenhalter, dennoch wäre es falsch gewesen, das Präsidentenamt statt die Sklaverei abzuschaffen.

Auch jenseits historischer Erbschaften gibt es starke Argumente für die symbolische Monarchie, die erklären können, warum konstitutionelle Monarchien heute relativ erfolgreich sind: Neun der elf am längsten bestehenden Verfassungen stammen aus konstitutionellen Monarchien und viele der reichsten Länder der Welt sind konstitutionelle Monarchien.[212] Tom Ginsburg, Dan Rodriguez und Barry Weingast zufolge integrieren Monarchien symbolisch unterschiedliche Bevölkerungsgruppen und bieten oft Minderheiten Schutz, etwa jüdischen Geflüchteten während des Zweiten Weltkriegs. [213] Sie können Konservativen auch in Zeiten rascher Modernisierung Stabilität signalisieren. General MacArthurs Entscheidung, den Kaiser im Nachkriegsjapan im Amt zu belassen, erleichterte konservativen Kräften die Zusammenarbeit mit den Besatzungsbehörden und den erfolgreichen Wiederaufbau Japans einschließlich einer radikalen Bodenreform, die anderenfalls gescheitert wäre.

Verfassungsmonarchien können zudem populistische Bewegungen dämpfen: „Mit einem Monarchen an der Spitze ist es schwieriger für einen Populisten, sich als der „einzige wahre Führer darzustellen, der das gesamte Volk vertritt".[214] Daher überrascht es nicht, dass Populisten wie Recep Tayyip Erdogan oder Hugo Chavez in Ländern ohne symbolische Monarchie auftreten.

Das psychologische Geheimnis der konstitutionellen Monarchie ist die Gewaltenteilung. Gemeinhin verstehen wir unter Gewaltenteilung die Trennung von legislativer, exekutiver und judikativer Gewalt. Aber genauso bedeutend, wenn nicht wichtiger, ist die Trennung zwischen politischer Entscheidungsmacht und symbolisch-ritueller Macht bei offiziellen staatlichen Zeremonien. In Republiken wie den Vereinigten Staaten oder China sind beide Rollen in einer Person vereint: dem Präsidenten – mit der Folge, dass Emotionen und Rationalität kaum getrennt werden können. Dagegen erlaubt die britische oder kanadische Ordnung eine klare Trennung. Der Monarch widmet sich den Ritualen, der Premierminister den politischen Entscheidungen.

Wie die Geschichte zeigt, kann die Vereinigung beider Rollen gefährlich werden.[215] Sie erleichtert die Entstehung von Personenkulten und unterminiert langfristig die Legitimität des Staates. Dies ist kein neues Argument. Wie James Hankins anmerkt, kritisiert der Renaissance-Humanist Francesco Patrizi „Alexander den Großen dafür, einen Herrscherkult um sich geschaffen zu haben, ein Grund, warum Alexanders Dynastie nicht über ihn hinaus Bestand hatte. Er lobt hingegen die Perser zur Zeit von König Cyrus (wie in Xenophons *Kyropädie* beschrieben) dafür, dass sie der Versuchung widerstanden, ihren Herrscher zu vergöttlichen."[216] Heutige Beispiele reichen von Donald Trump bis hin zu Xi Jinping.

Symbolische Führung auf unteren Ebenen

Meine erste Amtszeit als Dekan sollte 2020 enden. Im letzten Jahr bestand meine Arbeit fast ausschließlich aus symbolischen Ritualen. Die Internationalisierung war wegen Covid zum Stillstand gekommen und ich hatte kaum noch substanzielle Aufgaben. Ich veranstaltete Abendessen für Gäste und nahm an Begrüßungs- und

Abschlusszeremonien teil. Ich lernte, wie ein typischer chinesischer Beamter zu sprechen – flache Affekte und die Beschränkung auf drei Punkte, unabhängig vom Inhalt dessen, was kommuniziert wird.[217] Es ging hauptsächlich um „Propaganda" (宣传 *xuanchuan*) für unsere Fakultät, wie kurze Reden an die Eltern der Erstsemester vor Beginn des akademischen Jahres. Meine Identität als symbolischer Leiter war nun klar: Ich wurde, wie meine Frau es ausdrückte, zum „Fakultätspanda".

Ich möchte den Wert symbolischer Rituale für Führungskräfte keinesfalls in Frage stellen. Im Gegenteil. Ich habe sie schätzen gelernt, nicht trotz, sondern gerade wegen ihrer scheinbaren Inhaltsleere.[218] Ein historisches Beispiel für die Kraft solcher Formen ist die bemerkenswerte Langlebigkeit und verfassungsmäßige Stabilität der Republik Venedig. Sie wurde, so Edward Muir, „durch eine fromme, konservative Anhaftung an Ritual und Legende erreicht, welche die politische Ordnung mystifizierte und geradezu heiligte".[219]

Was aber geschieht, wenn Führungskräfte aufhören, Rituale zu vollziehen? Dafür gibt es ein berühmtes Beispiel in der Geschichte Chinas: Kaiser Wanli, der von 1572 bis 1620 regierte. Wie Ray Huang in seinem ausgezeichneten Buch *1587, ein Jahr wie jedes andere: Der Niedergang der Ming-Dynastie im Niedergang* dokumentiert, bestanden die zentralen Aufgaben des chinesischen Souveräns im Personalmanagement und in zeremoniellen Verfahren. Der hochintelligente und sensible Wanli jedoch wurde zunehmend desillusioniert, als er sich in Schlüsselfragen, etwa der Auswahl eines Nachfolgers, nicht durchsetzen konnte. In den letzten zwei Jahrzehnten seiner Herrschaft zog er sich mehr und mehr aus dem öffentlichen Leben zurück und verweigerte die rituellen Pflichten des Kaisers, Diese Entfremdung trug wesentlich zum Niedergang der Ming-Dynastie bei.

Im Rückblick war weniger entscheidend, dass er die „substanziellen" Aufgaben der Personalpolitik vernachlässigte – ein Großteil dieser Arbeit ließ sich an Beamte delegieren. Das Hauptproblem lag vielmehr darin, dass er die „symbolische" Arbeit der Rituale nicht mehr erfüllte, die niemand sonst übernehmen konnte. Es ist vielleicht nachvollziehbar, dass der Kaiser, der „viel von seiner persönlichen Identität verlor und kaum Privatleben hatte, rebellieren wollte".[220] Rituale waren extrem anstrengend, wenn nicht erschöpfend. Doch sie waren mit dem Glauben an einen kosmischen Geist verknüpft, der das Reich zusammenhielt. Wie der Erste Großsekretär damals bemerkte: „Für die bestmögliche Führung eines Reiches wie des unseren gab es keinen Ersatz für rituelle Verfahren. Der Kaiser verfügte weder über eine mächtige Armee noch über eine große Landbasis. Er blieb der Sohn des Himmels nur, weil alle glaubten, dass er es war. Und dieser Glaube erforderte die rituellen Übungen, die regelmäßig, im öffentlichen Geist und begleitet von ästhetischen wie moralischen Untertönen vollzogen wurden. Ob Schaulaufen oder nicht: Die vielen Runden des Kowtowing bestätigten die kaiserliche Autorität; und allein die Tatsache, dass der Kaiser an den Zeremonien selbst teilnahm, zeigte, dass er sich der kosmischen Ordnung und dem moralischen Gesetz unterwarf. Gerade weil die Botschaften aus den klassischen Quellen so langweilig und banal waren, musste man sie immer und immer wieder hören. Die Prüfungen durch Hitze, Kälte und den frühen Morgen testeten den Willen. Diese Idee von Disziplin und Ausdauer betonte auch Zensor Keng. Selbst im landwirtschaftlichen Ritual des Kaisers war ein Element der Vortäuschung enthalten; doch Vortäuschung ist nicht notwendig unreal. Entscheidend war, dass alle Beteiligten daran glaubten, und so wurde das Ritual zu einem machtvollen Instrument der Regierung."[221]

Als Kaiser Wanli also seine symbolischen Pflichten vernachlässigte, zerstörte er das „magische" Gebäude, welches das ganze System trug. In heutiger Sprache: Die Teilnahme des Kaisers an den Ritualen verlieh dem politischen System Legitimität, und ohne diesen Glauben konnte es nicht bestehen.

Vielleicht verstehen wir nun besser die Arbeit der früheren Königin und des heutigen Königs in der britischen Monarchie: Als symbolische Herrscherin oder symbolischer Herrscher zu dienen, ist ebenso schwierig wie unverzichtbar. Wie Königin Mary zu Elizabeth in der halbfiktiven Fernsehserie *The Crown* sagte, bevor sie formell gesalbt wurde: „Nichts zu tun ist die schwierigste Aufgabe von allen. Und es wird jede Unze Energie erfordern, die Sie haben. Unparteiisch zu sein, ist nicht natürlich, nicht menschlich."

Mir ist bewusst, dass die Einsätze für einen Universitätsbeamten mit symbolischen Verantwortlichkeiten nicht annähernd so hoch sind. Aber ich nahm mir die Königin zum Vorbild, wenn ich an rituellen Zeremonien teilnahm. Nichts zu tun ist harte Arbeit! Betrachten wir die Verleihung von Abschlusszertifikaten. Wir – die Führungskräfte – mussten drei Stunden lang ohne Pause stehen und Hunderten von Absolventen die Urkunden aushändigen. Wir trugen farbenprächtige Gewänder, die westliche und chinesische Traditionen aufgreifen, wobei verschiedene Farben jeweiligen Hierarchiestufen in der Verwaltung entsprechen. (Dekane tragen Rot und Schwarz, und ich gestehe, dass ich den Universitätspräsidenten und den Universitätsparteisekretär beneidete, die gelbe Roben tragen, ähnlich der kaiserlichen Tracht). Wir durften keine persönlichen Vorlieben zeigen. Ich bemühte mich, meine Freude nicht zu zeigen, wenn ich meinen eigenen Studenten begegnete, und versuchte, nicht auf lächelnde Gesichter zu reagieren. Zu jedem Absolventen sagte ich

„Glückwünsche" (祝贺 *zhuhe*), jedes Mal mit demselben Enthusiasmus.

In diesem Zusammenhang brachte meine persönliche Geschichte unerwartete Herausforderungen mit sich. So wird zu Beginn jeder großen Zeremonie die chinesische Nationalhymne gespielt. Ich hörte sie zum ersten Mal im Mai und Juni 1989, als sie von Studierenden in Oxford gespielt wurde, die für die Demokratie in China kämpften und zeigen wollten, wie sehr ihnen die Zukunft des Landes am Herzen liegt. Es war auch die Zeit, in der ich meiner ersten Liebe begegnete (wir heirateten ein Jahr später). Die Musik ist wunderschön, und ich weinte zusammen mit anderen, als chinesische Studenten sie nach den Tötungen am 4. Juni sangen. Die gleichen Emotionen, verbunden mit einer gescheiterten Revolution und einer verblassten Liebe, kommen jedes Mal zurück, wenn ich die Hymne höre. Ich versuche, meine Emotionen in der Öffentlichkeit zu kontrollieren, schon weil es seltsam aussehen würde, wenn ein Ausländer nach dem Hören der chinesischen Nationalhymne in Tränen ausbricht. Doch bei einer Abschlusszeremonie wenige Monate nach meiner Scheidung verlor ich die Kontrolle. Die Hymne rief alte Erinnerungen wach und ich konnte die Tränen nicht zurückhalten. Nach der Zeremonie erklärte ich meinen Vorgesetzten, meine Reaktion sei durch eine Allergie gegen meine Katze ausgelöst worden.

Mein erster Vertrag als Dekan lief Ende 2020 aus. Ich rechnete damit, mein Amt an einen Nachfolger zu übergeben und zur Lehre, zum Lesen und Schreiben zurückzukehren. Ich hatte mit äußerer Königsherrschaft (外王 *wai wang*) experimentiert und mein Bestes gegeben, aber erkannt, dass es nicht meine Berufung war. Keinesfalls aus Geringschätzung für das System, im Gegenteil. Theoretisch ist es schwer, sich eine bessere Struktur zur Leitung einer großen Fakultät vorzustellen. Es gibt eine klare

Aufteilung der Führung, Verantwortlichkeiten sind definiert und in zweiwöchentlichen Sitzungen tauscht man Notizen über erledigte Arbeiten und anstehende Probleme aus. Dies ist nicht immer effizient, doch offensichtlich verhindern die kollektiven Beratungen gravierende Fehlentscheidungen. Ich hege große Bewunderung für die Kolleginnen und Kollegen, die unermüdlich für das Wohl der Fakultät arbeiten.

Westler machen sich oft lustig über chinesische Beamten, die bei Sitzungen eifrig Notizen anfertigen, doch dies ist ein tief verwurzelter Aspekt einer bürokratischen Kultur, die Lernen, harte Arbeit und Problemlösung wertschätzt.[222] Sie – und damit auch ich – verbringen den größten Teil unserer Arbeitstage mit der Diskussion „kleiner" Fragen wie Büroflächen sowie „großer" Themen wie Fünfzehnjahrespläne zur Entwicklung unserer Fakultät. Mir fehlte schlicht die Energie, so weiterzumachen. Als ich unserem Parteisekretär sagte, ich wolle lieber zur Lehre und Forschung zurückkehren, ließ er mich jedoch nicht gehen. Ich erklärte, ich sei „nur" noch ein symbolischer Führer und es sei Zeit, anderen das Dekanat zu übergeben. Doch er sagte, es sähe schlecht aus, gerade jetzt zu gehen. Die Beziehungen zwischen Kanada und China befanden sich in einem schlimmen Zustand, und mein Abgang könnte wie eine politische Säuberung aussehen.[223] Zugleich schmeichelte er mir, indem er sagte, ich sei gut für den Ruf unserer Fakultät.

Ich konsultierte einen Vertrauten. Er sagte, ich könne der Fakultät gerade dadurch dienen, dass ich zu einer symbolischen Führungsfigur geworden sei, die über den Streitigkeiten stand und so half, die Harmonie zu wahren und den Fraktionalismus einzudämmen, der uns in der Vergangenheit oft gelähmt hatte. Er berief sich auf die daoistisch/legalistische Auffassung, nach der Macht dadurch wächst, dass man die meiste Zeit nichts tut. So sammelt er eine gewisse mystische Aura, und wenn er dann eingreift (wie Deng Xiaoping 1992 mit seiner berühmten Unterstützung des Shenzhen-Modells eines marktorientierten Wachstums), schenken ihm die Leute Gehör. Indem er nicht zu häufig eingreift, hält er seine Vorstellungen zurück und kann daher auch nicht von Ministern oder anderen Untergebenen manipuliert werden.

Wenn nötig, meinte mein Kollege, könnte ich in Krisenzeiten wirksam eingreifen, ganz wie der thailändische Monarch, der 1992 dazu beitrug, den Bürgerkrieg zu entschärfen und die Demokratie wiederherzustellen. Auch dies war schmeichelhaft, doch mir war klar, dass ich tatsächlich eine rein symbolische Führungsfigur geworden war, ohne die Absicht, jemals ernsthaft einzugreifen. Es gab keinen geheimen Plan, keine verborgene Strategie, Macht anzuhäufen und sie irgendwann einzusetzen.

Inspiriert von der Königin – *meiner* Königin (als kanadischer Staatsbürger) – nahm ich schließlich das Angebot von K. *shuji* an, weiterhin als Dekan zu dienen. Ich erklärte ihm jedoch, dass ich die symbolische Rolle nur ein oder zwei Jahre fortführen wolle und wir in dieser Zeit einen Nachfolger vorbereiten sollten. Ich ging davon aus, dass meine Königin in ähnlicher Weise ihren Sohn Prinz Charles auf seine Rolle vorbereitete. Er mag nicht vollkommen sein, aber im Wesentlichen ist er geeignet und verfügt über die notwendige Energie, um die „schwierigste Aufgabe" eines unparteiischen, symbolischen Herrschers zu erfüllen. Nach meinem gescheiterten Versuch, als symbolische Führungsperson zurückzutreten, kam mir der Gedanke, dass auch „meine Königin" hinter den Kulissen mit Hindernissen zu kämpfen hatte, die eine frühere Übergabe an ihren Sohn verhindert hatten. Wenn dies so gewesen sein sollte, würde das meine Bewunderung nur verstärken.

Wie könnte man einen symbolischen Führer nicht verehren, der „gezwungen" ist, bis ins hohe Alter erschöpfende Arbeit zu leisten, indem er rituelle Zeremonien leitet?

Wie aber stehen die Chancen, die symbolische Monarchie in China wiederzubeleben? Für die absehbare Zukunft nicht gut: Regierungsbeamte spotten über die Idee, ebenso wie die meisten Intellektuellen. Noch nie bin ich einem jungen Menschen in China begegnet, der die Monarchie befürwortet. Doch die Dinge können sich ändern (wenige haben die Wiederherstellung der spanischen konstitutionellen Monarchie im Jahr 1978 vorhergesagt). Ich traf einmal die Nachfahrin einer ehemaligen Mandschu-Prinzessin in Hongkong, die hoffte, ihre Familie könne einst wieder die (symbolische) Macht erlangen. Sie wirkte allerdings, gelinde gesagt, exzentrisch. Jiang Qings Vorschlag, einen direkten Nachfahren von Konfuzius auf den Thron zu setzen, scheint da plausibler sein, ist aber ebenso problematisch: Einem solchen Nachkommen könnte es an Talent und Tugend mangeln oder ihm könnten, wie in meinem Fall, Neigung und Energie für die Rolle eines symbolischen Führers fehlen. Vielleicht ließe sich der symbolische Monarch nach Verdienst aus den mehr als dreihunderttausend Nachkommen des Konfuzius auswählen. Ich kann mir durchaus einige vorstellen, die diese Rolle ausfüllen könnten. Aber ich will hier schließen, bevor ich durch weitere Spekulationen womöglich den einen oder anderen Leser irritieren könnte.

Endnoten

1. Siehe Wang Zhimin und Eleni Karamalengou, Hrsg., 稷下学宫与柏拉图学园: 比较研究论集 [*The Jixia Academy and Plato's Academy: A Collection of Comparative Research*], (Peking: SDX Joint Publishing Company, 2021).

2. Siehe William Kirby, *Empire of Ideas: Creating the Modern University from Germany to America to China* (Cambridge, Mass.: Harvard University Press, 2022), Kap. 9. Meine eigene Erfahrung an Tsinghua legt nahe, dass die Internationalisierung noch einen langen Weg vor sich hat: Ich wurde 2004 eingestellt und blieb bis zu meinem Weggang im Jahr 2017 der einzige vollzeitbeschäftigte Ausländer an der Philosophischen Fakultät. Anfang 2022 kündigte die renommierte Renmin-Universität in Peking an, nicht länger an internationalen Universitätsrankings teilzunehmen, was einer durchaus besorgniserregenden Gegenbewegung der „De-Internationalisierung"

des chinesischen Hochschulsystems gleichkommt (https://www.weekinchina.com/2022/05/education-divide/?dm&utm_medium=email&utm_campaign=WiC585%2020%20May%202022%20Clients&utm_content=WiC585%2020%20May%202022%20Clients+CID_660d1e-40354ace677892475cd884fcc7&utm_source=weeklyemail&utm_term=Education%20divide).

3. Kurz bevor ich 2017 meine Stelle antrat, hatte die Shandong-Universität den renommierten Gelehrten der Universität von Chicago, Yang Dali, eingestellt, um ein Forschungsinstitut für Governance zu gründen.

4. Siehe https://journals.sagepub.com/doi/full/10.1177/1028315321990745 und https://link.springer.com/content/pdf/10.1007/BF03397011.pdf.

5. Mit „konservativ" meine ich, dass die Menschen in Shandong ungewöhnlich stark an der traditionellen Kultur festhalten und weniger offen für äußere Einflüsse als in anderen Teilen Chinas sind. Die Kehrseite des Shandong-Konservatismus ist eine stärkere Bindung an patriarchale Normen. Zur Diskussion siehe Daniel A. Bell und Wang Pei, *Just Hierarchy: Why Social Hierarchies Matter in China and the Rest of the World* (Princeton, N.J.: Princeton University Press, 2020), S. 1–6.

6. Siehe Dingxin Zhao, *The Confucian-Legalist State: A New Theory of Chinese History* (Oxford: Oxford University Press, 2015).

7. Siehe Guy S. Alitto, *The Last Confucian: Liang Shuming and the Chinese Dilemma of Modernity* (Berkeley: University of California Press, 1986).

8. Siehe Daniel A. Bell und Thaddeus Metz, „Confucianism and Ubuntu: Reflections on a Dialogue

Between Chinese and African Traditions", *Journal of Chinese Philosophy* 38, Nr. s1 (2011): 78–95.

9. Für eine englische Übersetzung von Jiangs Werken, siehe Jiang Qing, *A Confucian Constitutional Order: How China's Ancient Past Can Shape Its Political Future* (Princeton, N.J.: Princeton University Press, 2012). Für einen Bericht über meinen Besuch in Jiangs Akademie, siehe https://www.dissentmagazine.org/online_articles/a-visit-to-a-confucian-academy.

10. Siehe Bai Tongdong, *Against Political Equality: The Confucian Case* (Princeton, N.J.: Princeton University Press, 2019).

11. Siehe http://citeseerx.ist.psu.edu/viewdoc/download?doi=10.1.1.733.6634&rep=rep1&type=pdf#page=968.

12. Die Zeitschrift *Culture, History, and Philosophy* erhielt einen bedeutenden Schub, als Präsident Xi im Mai 2021 ihren Redaktionssitz in Jinan, Shandong, besuchte. Ihr englischsprachiges Pendant, das *Journal of Chinese Humanities*, wird von einem anderen amerikanischen Emigranten, Benjamin Hammer, herausgegeben.

13. Dieser Absatz basiert auf dem Vorwort zur Taschenbuchausgabe meines Buches *China's New Confucianism: Politics and Everyday Life in a Changing Society* (Princeton, N.J.: Princeton University Presse, 2008).

14. Das konfuzianische Erbe wird auch in Museen und Kulturstätten anderer ehemaliger Staaten aus der Ära der Streitenden Reiche, die heute zu Shandong gehören, sichtbar. So diskutiert das Qi-Culture-Museum in Zibo stolz den Beitrag des Qi-Staates zur konfuzianischen Tradition, und das Museum in Tengzhou hebt die Passagen von Mencius über den kleinen, aber tapferen Teng-Staat hervor. Die einzige

Ausnahme bildet die Mozi-Gedenkhalle in Tengzhou, die die konfuzianischen Beiträge ausdrücklich in einem negativen Licht darstellt – im Gegensatz zu Mozis Idealen und Erfindungen. Meine Frau und ich besuchten die Mozi-Gedenkhalle mit einem ansonsten gelassenen Nachfahren von Konfuzius, der nach dem Rundgang ungewöhnlich wütend war.

15. Oft stieß ich auf das Zitat „Wenn deine Eltern am Leben sind, reise nicht weit" (4.19). Es erinnert mich stets an die Schuld, die ich empfinde, weil ich nicht für meine alte Mutter in Montreal sorgen kann – eine Aufgabe, die nun meine Schwester übernommen hat.

16. Siehe die ausgezeichnete Discovery-Channel-Dokumentation *Confucius: The Sage Who Shaped the East*: https://www.youtube.com/watch?v=qaFDr11g4Rg.

17. Anna Sun, *Confucianism as a World Religion: Contested Histories and Contemporary Realities* (Princeton, N.J.: Princeton University Press, 2013), S. 90–91. Für einen empirisch informierten Bericht über die konfuzianische Wiederbelebung siehe Sebastien Billioud und Joel Thoravel, *The Sage and the People: The Confucian Revival in China* (Oxford: Oxford University Press, 2015).

18. Siehe meinen Eintrag in der *Stanford Encyclopedia of Philosophy*: https://plato.stanford.edu/entries/communitarianism/.

19. So wie der Beitritt zur Welthandelsorganisation reformorientierten Kräften in China dabei half, unpopuläre Maßnahmen wie die Entlassung von Millionen von Beschäftigten in staatseigenen Unternehmen zu rechtfertigen, so dient die erhöhte Feindseligkeit der USA heute dem chinesischen Sicherheitsapparat dazu, eine harte Politik zu rechtfertigen, die bei modernisierungsfreundlichen Teilen

der Regierung auf Skepsis stößt. Externe Kräfte „verändern"„China also weniger direkt, sondern vor allem dadurch, dass sie Teilen der chinesischen Regierung einen Vorwand liefern, um Maßnahmen durchzusetzen, die sich sonst schwer umsetzen ließen.

20. Wie in China fühlen sich auch in den Vereinigten Staaten öffentliche Beamte oft erst nach dem Ruhestand frei genug, dominierende Narrative öffentlich zu hinterfragen. Vgl. den Bericht von Chas W. Freeman Jr., ehemaliger US-Verteidigungsbeamter, Diplomat und Dolmetscher, über die Probleme der US-chinesischen Beziehungen und darüber, wie man sie beheben kann: https://peacediplomacy. org/2021/09/10/ipd-remarks-ambassador-chas-freeman-sino-american-split/. Siehe dazu auch die Kritik von Jerry Brown, ehemaliger Gouverneur von Kalifornien, an „Washington's crackpot realism", der die Realität verschleiert, dass beide Länder sowohl kooperieren als auch konkurrieren müssen (https:// www.nybooks.com/articles/2022/03/24/washingtons-crackpot-realism-jerry-brown/). Siehe außerdem die informierte und ausgewogene Analyse der US-chinesischen Beziehungen von Ken Lieberthal, unter Präsident Clinton Assistent für nationale Sicherheitsangelegenheiten und leitender Direktor für Asien im US-amerikanischen Nationalen Sicherheitsrat (https://www.thewirechina.com/2022/04/24/ken-lieberthal-on-washingtons-major-china-challenges/). Pensionierte Beamte in anderen Ländern liefern ähnliche Analysen, z. B. der ehemalige australische Premierminister Kevin Rudd, *The Avoidable War: The Dangers of a Catastrophic Conflict between the US and Xi Jinping's China* (New York: PublicAffairs, 2022).

21. Ich möchte nicht suggerieren, dass die Feindseligkeit der USA gegenüber China die einzige Quelle

der Paranoia ist. Die von Legalisten inspirierte Anti-Korruptionskampagne hat viele politische Feinde geschaffen, und die Führer haben gute Gründe, eine Gegenreaktion von Hunderttausenden gesäuberten Kadern und ihren Unterstützern zu fürchten. Jetzt, da die Kampagne zu Ende zu gehen scheint, könnte dieser Druck allmählich nachlassen (siehe Kap. 4).

22. Die Falkenkräfte in China provozieren keinen Krieg mit den Vereinigten Staaten, es sei denn, die USA unterstützen aktiv oder militärisch die formelle Unabhängigkeit Taiwans.

23. China und die Vereinigten Staaten könnten also in einen Krieg in Ostasien verwickelt werden, der schließlich Kämpfe auf oder nahe dem amerikanischen Territorium nach sich zöge. Siehe Graham Allison, *Destined for War: Can America and China Escape Thucydides's Trap* (New York: Houghton Mifflin Harcourt, 2017). Für eine noch pessimistischere Sichtweise siehe John Mearscheimer (https://www.dw.com/en/chinas-rise-and-conflict-with-us/a-55026173). Im Gegensatz dazu argumentiert Yan Xuetong, dass Chinas Ziel darin bestehe, stark zu werden, ohne in den Krieg zu ziehen (https://www.foreignaffairs.com/articles/united-states/2021-06-22/becoming-strong).

24. https://www.washingtonpost.com/opinions/the-pentagon-is-using-china-as-an-excuse-for-huge-new-budgets/2021/03/18/848c8296-8824-11eb-8a8b-5cf82c3dffe4_story.html.

25. https://ash.harvard.edu/publications/understanding-ccp-resilience-surveying-chinese-public-opinion-through-time und https://www.edelman.com/sites/g/files/aatuss191/files/2022-01/2022%20Edelman%20Trust%20Barometer%20FINAL_Jan25.pdf.

26. https://themarket.ch/interview/chinas-leadership-is-prisoner-of-its-own-narrative-ld.6545.

27. Angesichts der aktuell repressiven politischen Umgebung (siehe Kap. 8) ist es unwahrscheinlich, dass diese Art von Bekenntnisbuch, mit allen seinen Fehlern, in China veröffentlicht wird. Meiner Ansicht nach wären ehrlichere Berichte über das chinesische politische System durchaus nützlich: Sie würden reformorientierten Kräften, die sowohl Unterstützer als auch Kritiker des Systems sind und hoffen, dass es sich in eine humanere Richtung entwickelt, Unterstützung verleihen – aber vermutlich bin ich auch hier politisch naiv.

28. Ungewöhnlich an Pu Yis Geständnissen ist, dass sie in Buchform der Öffentlichkeit zugänglich gemacht wurden. Im postrevolutionären China sind die engsten Entsprechungen solcher Geständnisse – Ausdrucksformen moralischen Fehlverhaltens aus der Perspektive einer höheren moralischen Wahrheit, die moralischen Fortschritt ermöglichen – meist Selbstkritiken (自我批评) und gegenseitige Kritiken (相互批评) innerhalb von KPCh-Gruppen, die nicht an die Öffentlichkeit gelangen. Inwieweit solche Geständnisse formelhaft oder unaufrichtig sind, lässt sich von außen kaum beurteilen, ähnlich wie die Aufrichtigkeit vertraulicher Geständnisse gegenüber katholischen Priestern.

29. Zitiert in *The Australian*, 2. September 2007.

30. https://www.goodyardhairblog.com/how-did-old-ancient-dye-hair.html.

31. https://www.bbc.com/news/world-asia-china-21738733.

32. Zitiert in ebenda.

33. Ich folge hier der chinesischen Verwendung: Wir sprechen von „weißem Haar" (白头发), nicht vom im Englischen gebräuchlicheren „grauen Haar". Aus wissenschaftlicher Sicht sind beide Bezeichnungen irreführend: „Das Haar ist tatsächlich farblos, nicht grau oder weiß. Dies liegt am Mangel an Melanin und Pigmenten in den Haarfollikeln. Es erscheint nur grau oder weiß, durch die Art, wie das Licht auf sie reflektiert wird" (Übersetzt nach: http://www.differencebetween.net/science/health/difference-between-grey-and-white-hair/).

34. Zheng Yongnian und Chen Gang, „China's Political Outlook: Xi Jinping as a Game Changer", *East Asian Policy* 7, Nr. 1 (2015): 5–15 (https://www.worldscientific.com/doi/abs/10.1142/S179393051500001X).

35. Es gibt andere Ausnahmen von dieser politischen Norm, etwa Außenminister Wang Yi und Vizeminister Liu He. Sie sind jedoch nicht Teil der kollektiven Führung und treten häufig gegenüber Ausländern auf, die vielleicht ein natürlicheres Erscheinungsbild bevorzugen.

36. Zitiert in https://edition.cnn.com/style/article/xi jin ping-gray-hair/index.html.

37. Ich setze „natürlich" in Anführungszeichen, da es möglich ist, dass Präsident Xis Friseur eine Technik perfektioniert hat, um Haare schwarz zu färben mit weißen Strähnen, sodass das Ergebnis natürlich wirkt. Ich kenne einen Dekan in China, der sein Haar schwarz färbt mit modischen grauen Strähnen, die ebenfalls besonders natürlich erscheinen.

38. Für weitere Details siehe Kap. 3.

39. Notizen entsprechen nicht immer exakt dem Inhalt dessen, was gesagt wird. Ich schäme mich zu sehr,

um einige der Dinge zu gestehen, die ich während dieser Meetings geschrieben habe.

40. Meine (Ex-)Schwiegermutter leidet seit über einem Jahrzehnt an Alzheimer und verlor nach und nach ihre geistigen Fähigkeiten. Ein deutliches Zeichen war, dass sie ihr Haar nicht mehr färbte. Anfang 2017 jedoch erlebten wir einen wundersamen Tag. Sie erwachte in bester Laune, konnte wieder vollständig sprechen und bat als Erstes darum, ihr Haar zu färben. Wir brachten sie zu einem Friseur und es war einer der glücklichsten Tage ihres Lebens. Am nächsten Tag jedoch erlag sie wieder der Krankheit. Ich suchte online nach Berichten über ähnliche vorübergehende Erholungen bei Alzheimer-Patienten und konnte keine finden. Es war wirklich ein Wunder!

41. In Kazuo Ishiguros Roman *Klara and the Sun* (New York: Knopf, 2021) besitzt die ansonsten plausible KI die Fähigkeit, das genaue Alter von Menschen zu erkennen. Ich vermute, dass selbst fortgeschrittene KIs durch gut gefärbtes Haar getäuscht werden könnten.

42. Elaine Scarry, *On Beauty and Being Just* (Princeton, N.J.: Princeton University Press, 2001).

43. Ich möchte nicht behaupten, dass allein die Beseitigung des Vorurteils gegen das Haarefärben von Männern Gleichheit zwischen den Geschlechtern herstellen würde. Im 18. Jahrhundert trugen wohlhabende europäische Männer prächtige Perücken, um hässliches oder nicht vorhandenes Haar zu verbergen, ohne dass dies als peinlich galt. Sogar Jean-Jacques Rousseau, der sonst die Welt der Erscheinungen, wie sie durch Künste und Wissenschaften geschaffen wird, verachtete und die ursprüngliche gute Natur

des Menschen hervorhob, begann nach dem Erfolg seines preisgekrönten Essays *Diskurs über die Künste und Wissenschaften* (Jean Jacques Rousseau, *Les Confessions*, übers. J. M. Cohen [London: Penguin Books, 1953], S. 339) eine „runde Perücke" zu tragen. Dabei handelte es sich um eine weniger aufwendige Perücke als Zeichen der Distanzierung von den Standards einer prunkvolleren Mode, ohne dabei gesellschaftliche Akzeptanz zu verlieren. Mein Punkt ist: Selbst in einer Gesellschaft, in der Männer eitel genug sind, ihr Haar zu färben, reicht das nicht aus, um Gleichheit zwischen Männern und Frauen herzustellen, solange andere patriarchale Werte und Strukturen bestehen bleiben. Aber es kann einen kleinen Beitrag leisten.

44. Graues Haar ist in Hongkong deutlich häufiger zu sehen, zweifellos ein weiteres Erbe des britischen Kolonialismus.

45. Rousseau, *The Confessions*, S. 17 (deutsche Übersetzung: Ernst Hardt 1921).

46. Ebd., S. 50–51.

47. www.whitehouse.gov/briefing-room/speeches-remarks/2021/06/13/remarks by president-biden-in-press-conference-2/.

48. Ich besuchte die Jixia-Akademie im Juli 2020 mit drei ehemaligen Studenten des Schwarzman Colleges. Allerdings konnten wir nur ein Schild mit einem Maisfeld im Hintergrund finden. Im Februar 2022 entdeckten Archäologen den genauen Standort der Jixia-Akademie (https://www.scmp.com/news/people-culture/article/3170781/archaeologists-discover-centre-greatest-chinese-philosophers). Somit kann sie plausibel wieder als Ort touristischer Besuche, wenn auch kaum für Diskussionen politischer Theorie zugänglich gemacht werden.

49. Der Name ist im Chinesischen sogar noch irreführender: „统一战线" wird „Vereinigte Kriegsfront" übersetzt. Mir wurde gesagt, dass die Abteilung erwägt, den chinesischen Namen in „团结部" zu ändern, was wörtlich „Solidaritätsabteilung" bedeutet.

50. Siehe https://asiasociety.org/sites/default/files/2020-01/00_diamond-schell-chinas-influence-and-american-interests_REVISED.pdf und https://www.washingtonpost.com/opinions/2020/06/10/its-time-end-chinas-united-front-operations-inside-united-states/.

51. Die Gebäude der nahegelegenen Ocean University sind authentischere Nachahmungen (wenn das kein Oxymoron ist) von Gebäuden im deutschen Stil aus der Kolonialzeit Qingdaos, aber sie wurden vor mehr als zwei Jahrzehnten errichtet. Seitdem hat die Reaktion gegen übermäßige „Verwestlichung" in China auch die Architektur, die westliche Vorbilder imitiert, in Frage gestellt.

52. Die Tsinghua-Universität rangiert höher als die Shandong-Universität, doch es gibt eine Art umgekehrte, positive Diskriminierung, die es relativ privilegierten Studenten aus Peking erleichtert, an Pekinger Universitäten zugelassen zu werden. Die Shandong-Universität ist so wettbewerbsfähig, weil die Provinz mehr als 100 Mio. Menschen hat und die einzige führende Universität in der gesamten Provinz ist. Ich habe an beiden Universitäten unterrichtet und beobachtet, dass die Studierenden akademisch ähnlich stark sind; der Unterschied liegt meist im Englischniveau, weshalb die Tsinghua-Studenten bei nationalen Universitätseingangsprüfungen – die einen Englischteil enthalten – in der Regel besser abschneiden.

53. Überraschenderweise gibt es auf unserem Campus keine Statue von Konfuzius (der Jinan-Campus besitzt eine, ebenso wie die nahegelegene Ocean University). Vielleicht hatte K. *shuji* das Gefühl, es würde die Grenze von öffentlich zu privat überschreiten, wenn er für eine Statue seines berühmten Vorfahren eintreten würde.

54. Das Meer vor der Provinz Shandong ist aus Umweltschutzgründen von Mai bis September für die kommerzielle Fischerei gesperrt; deshalb sind Meeresfrüchte im Winter reichlicher vorhanden.

55. Später erfuhr ich, dass K. *shuji* ein Experte für marxistische Theorie war. Wir führten lange Diskussionen über Marx' Ideal des Kommunismus, was mich an meine Studienzeit in Oxford erinnerte, als ich bei G. A. Cohen, dem renommiertesten marxistischen Theoretiker im Westen, Marxismus studierte. Im Unterschied zu Oxford scheinen Debatten in China jedoch stärker in der Realität verankert zu sein, da die herrschende Organisation offiziell dem Marxismus verpflichtet ist. K. *shuji* war weniger optimistisch als ich, dass materieller Überfluss, erzeugt durch fortschrittliche Maschinen (einschließlich Künstlicher Intelligenz), im höheren Kommunismus die menschliche Natur zum Besseren verändern würde. Ich entgegnete, eine ähnliche Idee ließe sich aus Mencius' These ableiten, dass es Menschen schwerfällt, moralisch zu handeln, solange sie um ihre materiellen Grundbedürfnisse kämpfen müssen, aber K. *shuji* blieb skeptisch. Wir einigten uns darauf, dass, *contra* Marx, der Staat auch im höheren Kommunismus nicht verschwinden werde, da er benötigt wird, um sicherzustellen, dass die KI den Menschen dient und nicht umgekehrt. Wir

stimmten auch überein, dass es weiterhin Wettbewerb um die prestigeträchtigen bürokratischen Posten geben würde, insbesondere in der Provinz Shandong, dem bürokratischsten Teil des weltweit bürokratischsten Landes. Siehe Kap. 7 für weitere Details zum kommunistischen Comeback in China.

56. Es war ein komplizierterer Prozess. K. *shuji* kam mehrmals nach Peking, um mich zu überzeugen, und gewann mein Herz, indem er meine Emotionen ansprach. Die Tsinghua-Universität schickte zwei hochrangige Verwaltungsleiter zur Shandong-Universität, um K. *shuji* zu bitten, mich an der Tsinghua zu behalten. Ich versuchte, die Tsinghua zu verlassen, aber aus komplexen bürokratischen Gründen war das schwieriger als eine Scheidung. Schließlich ließ mich Tsinghua nach einem angeblichen Skandal gehen, dessen Einzelheiten ich hier nicht erzählen werde.

57. Einige dieser Direktiven können ziemlich lang sein, und der *shuji* las manchmal zehn Minuten oder länger aus Dokumenten vor, was die Zuhörer regelrecht einschläferte. Ich fragte einen Kollegen: Warum verschwendet man so die Zeit? Liegt es daran, dass die Dokumente geheim sind und nicht im Voraus verteilt werden dürfen? Mein Kollege antwortete, dass niemand sie dann lesen würde.

58. Siehe Kap. 8.

59. Li Zhang, *Anxious China: Inner Revolution and Politics of Psychotherapy* (Oakland: University of California Press, 2020), S. 6, 55–56.

60. Ich behaupte keineswegs, dass Universitäten im Westen notwendigerweise nach diesem akademischen Ideal arbeiten. Es gibt kein formales System der politischen Zensur an westlichen Universitäten, aber informelle Normen der „politischen Korrektheit"

können Einstellungs- und Tenure-Entscheidungen beeinflussen, unabhängig vom akademischen Verdienst. In China-Studien etwa könnte ein Professor, der positive oder ausgewogene Ansichten über das chinesische politische System vertritt, beruflich auf Schwierigkeiten stoßen, und ein Wissenschaftler, der die Dichotomie zwischen „demokratischen" und „autoritären" Regimen in Frage stellt, könnte es schwerhaben, in renommierten anglophonen Zeitschriften zu publizieren.

61. Es ist ein wenig merkwürdig, dass ein offizielles Dokument mit dem Titel „China: Democracy that Works" mit der Behauptung beginnt, dass „der beste Weg, um zu bewerten, ob das politische System eines Landes demokratisch und effizient ist, darin besteht, zu beobachten, ob die Nachfolge seiner Führer geordnet und im Einklang mit dem Gesetz erfolgt" (Übersetzt nach: http://www.news.cn/english/2021-12/04/c_1310351231.htm). Man hätte erwartet, dass ein Dokument, das die chinesische Form der Demokratie verteidigen soll, diesen Punkt entweder nicht erwähnt oder die Tatsache, dass es derzeit keinen klaren Weg zur gesicherten Nachfolge der obersten Führungsriege gibt, eher herunterspielt.

62. Die Redewendung stammt ironischerweise von dem anti-konfuzianischen (daoistischen) Denker Zhuangzi (庄子, 天下.篇).

63. Der Titel „Dekan" erweist sich bisweilen als nützlich. Einmal übersah ich eine WeChat-Nachricht mit der Aufforderung, meine Heizkostenrechnung bezahlen. Ich war einige Wochen unterwegs gewesen, und als ich zurückkehrte, war meine Wohnung eiskalt. Das Universitätshauspersonal teilte mir mit, es sei zu spät, um zu bezahlen und ich müsse den ganzen Winter

ohne Heizung auskommen. Als ich erwähnte, Dekan einer Fakultät zu sein, die die Bereitstellung öffentlicher Dienstleistungen erforscht, wurde die Mitarbeiterin plötzlich freundlicher und verwies mich an ihren Vorgesetzten, der das Problem rasch löste (sie fanden einen Weg, mein Geld doch noch anzunehmen).

64. Obwohl ich kanadischer Staatsbürger bin, wollte mich der Bankangestellte in die Kategorie US-Bürger einordnen. Erst als ich sichtlich verärgert reagierte, stimmte er schließlich zu, mich als Nicht-Amerikaner zu führen.

65. Die in China verbreitete hierarchische Weltsicht, die Menschen nach moralischer Qualität (素质 *suzhi*) und nach Stufen der Zivilisation (文明程度 *wenming chengdu*) unterscheidet, wirkt lächerlich, wenn man sie in zeitgenössisches Englisch übersetzt, wo man sich, zumindest formal, zur Gleichheit aller Menschen bekennt. Ein Beispiel für diese Denkweise hat das Herren-WC an der Shandong-Universität, wo derselbe Slogan über den Urinalen prangt wie andernorts in China: 上前一小步，文明一大步 (*shang qian yi xiao bu, wenming yi da bu*), was man übersetzen kann als „ein kleiner Schritt nach vorne, ein großer Schritt im Zivilisationsgrad".

66. Meine Assistentin hielt weniger als ein Jahr durch. Schließlich konnte ich eine Studentin im zweiten Masterjahr einstellen, da sie weniger Kursarbeit zu bewältigen haben und mit dem Umfeld schon vertrauter sind als Studienanfänger. Der Nachteil war, dass ich jedes Jahr eine neue Assistentin ausbilden musste.

67. Ein Freund in Israel, der ebenfalls Dekan war, erzählte mir, er erfahre viel über Probleme in seiner

Fakultät, indem er durch die Flure schlenderte, auf junge Lehrkräfte traf und mit ihnen plauderte. Bei uns ist das schwieriger. Die leitenden Führungskräfte (mich eingeschlossen) befinden sich alle auf einer Etage und es würde unangemessen erscheinen, wenn sie einfach so die Flure der Juniorprofessoren entlanggingen.

68. Ich erfuhr später, dass unser stellvertretender Dekan, bevor er in die Wissenschaft ging, ein florierendes Restaurantgeschäft in Jinan mit zwölfhundert Mitarbeitern gegründet hatte, was zweifellos seine Fähigkeit erklärt, andere Menschen in einem großen Universitätsumfeld zu managen. Ich hingegen habe schon Mühe, mich selbst zu managen, geschweige denn andere.

69. Meine Vorschläge wurden nicht immer begrüßt. Ich versuchte, unsere Fakultät davon zu überzeugen, einen namhaften Professor einzustellen, der für seine „Konversion" vom Libertarismus zum Konfuzianismus bekannt war. Er war kürzlich auf meine Anregung hin an unsere Universität gekommen und zunächst an einem Forschungsinstitut in Jinan tätig. Ich hoffte, er würde unserer Fakultät in Qingdao beitreten. Doch die Reaktion der anderen Führungskräfte war eher desinteressiert und der Professor wurde schließlich von einer führenden Universität in Peking abgeworben.

70. Der Wechsel war ein komplizierter Prozess, weil ein führender Vertreter seiner Universität ihn nicht gehen lassen wollte. Doch die Lage änderte sich (aus meiner Sicht) zum Besseren, als die Führungskraft in die Anti-Korruptionskampagne verwickelt wurde.

71. Große Hilfe erhielt ich auch von einer meiner ehemaligen Doktorandinnen an der Tsinghua-Universität, die über politische Meritokratie promoviert

hatte. Sie wurde an der Shandong-Universität eingestellt und initiierte ein informelles Mittagsseminar für Doktoranden und Professoren. Es wurde als „稷下工作坊" (Jixia-Werkstatt) bekannt, benannt nach der berühmten Jixia-Akademie aus der Zeit der Streitenden Reiche, in der bedeutende politische Denker ihre Ideen diskutierten.

72. In Shandong ist es üblich, dass betrunkene Männer Händchen halten. In meinem ersten Jahr war mir allerdings nicht immer klar, wie weit die Grenzen der körperlichen Zuneigung reichten. Einmal küsste ich einen *Shuji*, der uns besucht hatte, auf die Wange und merkte sofort, dass es ein Fauxpas war. Händchenhalten ist akzeptiert, aber „harte Männer aus Shandong" (山东大汉) küssen nicht.

73. Wenn ich gefragt werde, was ich als Dekan gelernt habe, erzähle ich gern den folgenden Witz: Am Anfang hatte ich keine Ahnung, wann ich eingreifen sollte und wann nicht, bis ich schließlich begriff, dass ich zu 98 % der Zeit nicht eingreifen sollte. Die Wahrheit ist, dass ich mehr hätte eingreifen können, wenn ich in der Lage gewesen wäre, für meinen Posten mehr Energie aufzubringen.

74. Daniel A. Bell, *The China Model: Political Meritocracy and the Limits of Democracy* (Princeton, N.J.: Princeton University Press, 2015), Kap. 2.

75. Dieser Punkt würde Studenten der chinesischen Geschichte nicht überraschen. Chen Hongmou etwa war der am meisten gefeierte Beamte im China des 18. Jahrhunderts, aber was ihn wirklich auszeichnete, war sein erstaunliches Maß an Energie. Wie sein Biograph es ausdrückt: „Chen war kaum ein origineller Denker, noch unterschied sich sein Verwaltungsstil wesentlich von dem seiner fähigsten Kollegen, aber seine Energie und seine Gründlichkeit bei der

Behandlung der Bedürfnisse seiner verschiedenen Gerichtsbarkeiten war nichts weniger als erstaunlich" (Übersetzt nach: William T. Rowe, *Saving the World: Chen Hongmou and Elite Consciousness in Eighteenth-Century* [Stanford, Kalifornien: Stanford University Press, 2001], S. 2; siehe auch S. 449).

76. David Shambaugh, „ The Coming Chinese Crackup", *Wall Street Journal*, 6. März 2015.

77. https://www.cambridge.org/core/journals/american-political-science-review/article/abs/getting-ahead-in-the-communist-party-explaining-the-advancement-of-central-committee-members-in-china/B22B6ACD187AD664CCCD6497E6A165BE.

78. Ich möchte nicht leugnen, dass auch weniger angenehme Persönlichkeitsmerkmale, die nicht dem Ideal der politischen Meritokratie entsprechen, wie die Bereitschaft, unqualifizierte Freunde zu fördern oder politische Rivalen auszuschalten, eine Rolle dabei spielen können, wer an die Spitze kommt und dort bleibt. Für ein empirisch fundiertes Argument, dass Führer wie Mao mit uneingeschränkter diktatorischer Macht erfahrene und gut vernetzte leitende Beamte durch weniger qualifizierte und politisch belastete Beamte ersetzen, siehe Victor Shih, *Coalitions of the Weak: Elite Politics in China from Mao's Stratagem to the Rise of Xi* (Cambridge: Cambridge University Press, 2022).

79. *The Analects of Confucius*, 13.15. Hier und im Folgenden, sofern nicht anders angegeben, Übersetzung des Autors.

80. Jude Blanchette, „Xi Jinping's Faltering Foreign Policy", *Foreign Affairs*, 16. März 2022 (https://www.foreignaffairs.com/articles/china/2022-03-16/xi-jinpings-faltering-foreign-policy. Solche Behauptungen sind höchst spekulativ: Niemand außerhalb des

geschlossenen Kreises der obersten politischen Führung weiß, ob jemand es wagt, Xis Vorschlägen zu widersprechen.

81. https://www.scmp.com/news/china/politics/article/3159720/xi-jinping-tells-chinas-writers-and-artists-practise-morality.

82. So wissen wir zum Beispiel, dass dem Verwalter Chen Hongmou eine Audienz bei Kaiser Yongzhen gewährt wurde und er gegen dessen Vorschlag argumentierte, korrupte lokale Eliten sollten öffentlich ihre Vergehen gestehen – mit der Begründung, dies würde die soziale Ordnung untergraben. Es wäre besser, eine Anmnestie für vergangene Vergehen zu erlassen und in Zukunft die Kontrollen zu verschärfen. Yongzhen ließ sich schließlich von Chens Vorschlag überzeugen und lobte dessen „direkte Art, einen Vorgesetzten anzusprechen" im Interesse der Öffentlichkeit (Rowe, *Saving the World*, S. 51).

83. Ich entlehne diesen Begriff der politischen Theoretikerin Jane Mansbridge, die argumentierte, dass es schwierig, wenn nicht unmöglich sei, Korruption mit solchen „Inseln der Rechtschaffenheit" zu bekämpfen, die lediglich gute Modelle für Verbesserungen abgeben können (private Unterhaltung).

84. Zitiert in Ren Jianming und Du Zhizhou, „Institutionalized Corruption: Power Overconcentration of the First-in-Command in China", *Crime, Law and Social Change* 49, Nr. 1 (Feb. 2008): 47.

85. Die nächsten beiden Absätze stützen sich auf Bell und Wang, *Just Hierarchy*, S. 81–84.

86. Zum Argument, dass Anti-Korruptionsbemühungen in Nicht-Demokratien oft erfolgreich seien, wenn ein mächtiger Führer relativ freie Hand habe, Maßnahmen zur Eindämmung von Regierungsfehlverhalten zu erlassen und durchzusetzen, siehe

Christopher Carothers, *Corruption Control in Authoritarian Regimes: Lessons from East Asia* (Cambridge: Cambridge University Press, 2022), insbesondere Kap. 6 über den Fall Xi.

87. Für ein empirisch fundiertes Argument, dass die Anti-Korruptionskampagne eine abschreckende Wirkung entfalte, die die durchschnittliche Fähigkeit neu rekrutierter Beamten senke, siehe https://www.cambridge.org/core/journals/british-journal-of-political-science/article/price-of-probity-anticorruption-and-adverse-selection-in-the-chinese-bureaucracy/5CF35E3428FEE88814270F861360D3B8.

88. Die Notwendigkeit, Gehälter zu erhöhen, um Korruption zu minimieren, wurde wiederholt von Reformern im kaiserlichen China betont. Bereits im zweiten Jahrhundert schlug der Philosoph Cui Shi vor, dass die Gehälter der öffentlichen Beamten um mindestens 50 % erhöht werden sollten (Etienne Balazs, *Chinese Civilization and Bureaucracy: Variations on a Theme*, übers. H. M. Wright [New Haven, Conn.: Yale University Press, 1964], S. 213). Ich habe die Möglichkeit einer Gehaltserhöhung in einem informellen Treffen mit einem Leiter der Organisationsabteilung angesprochen. Er meinte, er plane dies zwar, aber es würde schlecht aussehen, wenn Anpassungen zu hoch und zu schnell ausfielen.

89. Ich danke *American Affairs* für die Erlaubnis, aus meinem Essay „China's Anti-Corruption Campaign and the Challenges of Political Meritocracy" zu zitieren, *American Affairs* 4, Nr. 2 (Sommer 2020): 198–211.

90. Edward Slingerland, *Drunk: How We Sipped, Danced, and Stumbled Our Way to Civilization* (New York: Little, Brown Spark, 2021), S. 115.

91. Liu Yaoding, „不喝酒, 如何在山东的酒桌上活下来", [Wenn Sie keinen Alkohol trinken, wie können

Sie Shandongs Trinktische überleben], 20. Juni 2018, https://baijiahao.baidu.com/s?id=160469208 8818172035&wfr=spider&for=pc.

92. Für eine detaillierte Darstellung und Verteidigung solcher hierarchischen Trinkrituale siehe die Einleitung meines gemeinsam mit Wang Pei verfassten Buches *Just Hierarchy*.

93. https://www.cnbc.com/2021/08/09/alibaba-fires-manager-accused-of-sexual-assault-ceo-calls-for-change.html.

94. Hier und andernorts stütze ich mich auf die Übersetzungen von Eric L. Hutton, *Xunzi: The Complete Text* (Princeton, N.J.: Princeton University Press, 2014), und John Knoblock, *Xunzi, I und II* [original Chinesisch und modernes Chinesisch] (Changsha: Hunan Renmin Chubanshe, 1999). Diese Übersetzungen habe ich bei Bedarf angepasst – so habe ich zum Beispiel „王 *wang*" als „humaner König" und nicht als „König" übersetzt, weil Xunzi diesen Begriff verwendet, um auf einen idealen Herrscher zu verweisen, der humane Politik für das Volk betreibt.

95. Rituale an sich reichen nicht aus. Sie werden oft von Musik begleitet, die eine emotionale Reaktion und unter den Teilnehmern ein Gefühl von Gemeinschaft und Fürsorge hervorruft. Xunzi widmet ein ganzes Kapitel der moralischen und politischen Wirkung von Musik, und noch heute wird das chinesische Wort für „Ritual" (礼) oft von dem Wort für „Musik" (乐) begleitet, als ob beide Begriffe untrennbar seien. Xunzi argumentiert auch für umfangreiches und lebenslanges Lesen großer Werke zur Verbesserung des Geistes, was, wie er sagt, langfristige Transformationen der menschlichen Natur zum Besseren bewirken kann.

96. Für weitere Details siehe mein Buch *China's New Confucianism*, S. 39–43.

97. Diese Diskussion stützt sich auf Daniel Bell, „China's Corruption Clampdown Risks Policy Paralysis", *Financial Times*, 2. Mai 2017.

98. Siehe https://www.sciencedirect.com/science/article/pii/S0033350616304139 und Wang Qian und Zhang Yan, „Drunken Driving Crashes, Injuries Declining", *China Daily*, 10. Oktober 2014.

99. Eine ähnliche Geschichte von „先礼后兵 *xian li hou bing*" lässt sich über Verkehrssünder erzählen, die Geschwindigkeitsbegrenzungen ignorierten. Die Bemühungen, Fahrer zum Einhalten der Verkehrsregeln zu bewegen, zeigten zunächst wenig Wirkung. Daher führte die Regierung Verkehrskameras ein, die Verstöße streng ahndeten. Dies trug schließlich dazu bei, das Fahrverhalten zu ändern. Heute haben die Kameras weniger Effekt, weil fast jedes Auto ein GPS (导航) besitzt, das die Fahrer vor ihnen warnt. Dennoch haben die meisten Fahrer das Bedürfnis, Geschwindigkeitsbegrenzungen freiwillig einzuhalten. Der Punkt ist hier nicht, dass harte Gesetze per se Einstellungen und Handlungen verändern können. Vielmehr kann die Angst vor Bestrafung kurzfristig dazu beitragen, die innere Moral langfristig zu formen. Vorausgesetzt die anfängliche Angst vor Bestrafung stützt sich auf einen allgemein anerkannten sozialen Wert, der bereits durch Bildung und informelle Rituale verinnerlicht wurde. Die Menschen wussten, dass Trunkenheit am Steuer und Geschwindigkeitsüberschreitungen falsch waren; doch solche Normen beeinflussten das Verhalten erst nachhaltig, nachdem sie mit harten Strafen für Verstöße untermauert worden waren. In Bezug auf

andere Verkehrsregeln besteht jedoch weiterhin Verbesserungsbedarf. Die Regierung wirbt mit öffentlichen Kampagnen für Höflichkeit, etwa durch Schilder auf Hauptstraßen mit der Aufschrift „礼让 *li rang*", was als „Ritual und Nachsicht" übersetzen lässt. Es ist jedoch nach wie vor selten, dass Fahrer sich als höflich erweisen, indem sie Fußgängern im Konfliktfall den Vortritt lassen: In der Regel setzen sich die mächtigen Autos durch und Zebrastreifen haben nur wenig Wirkung. Strenge Strafen für Unhöflichkeit könnten hier helfen. Sobald Höflichkeit zur zweiten Natur wird, wäre die Regierung nicht mehr zur konsequenten Anwendung des Gesetzes gezwungen. Ich sage nicht, dass solche Prozesse einzigartig für China sind. Auch in Montreal, meiner Heimatstadt, waren Zebrastreifen, als ich Kind war, recht wirkungslos. Erst hohe Strafen veränderten etwas. Heute gewähren Autos Fußgängern im Allgemeinen den Vortritt, ganz ohne Zwang.

100. Für eine weitere Geschichte mit meinem (Ex-) Schwiegervater, siehe https://www.dissentmagazine.org/online_articles/the-last-visitor. Damals (2009) schrieb ich, er sei einer der wenigen echten Kommunisten in China, doch das kommunistische Comeback (siehe Kap. 7) konnte ich kaum vorhersehen.

101. Eine Ironie der Geschichte ist: Die Familie Kong zeigt, dass Blutlinien immer noch eine Rolle spielen. Kongzis Nachkommen genossen im kaiserlichen China besondere Privilegien. Heute gehören sie stolz zum ältesten Stammbaum der Welt und zugleich zu den engagiertesten und effektivsten Trägern der konfuzianischen Tradition, innerhalb wie außerhalb Chinas. Siehe https://www.youtube.com/watch?v=qaFDr11g4Rg.

102. Solche Eindrücke haben eine lange Tradition: John Locke (1695) bezog sich abschätzig auf die „unzusammenhängenden Aphorismen von Konfuzius" im Gegensatz zur „Vernunftmäßigkeit des Christentums" (siehe Auszug in *Portraits of Confucius: The Reception of Confucianism from 1560 to 1960*, hrsg. von Kevin Delapp [London: Bloomsbury Academic, 2022], S. 193–195).

103. Ein hilfreicher Leitfaden ist Annping Chins *The Authentic Confucius: A Life of Thought and Politics* (New York: Scribner, 2007), Kap. 3.

104. Das Ideal mag sich für Hochschulklassen eignen, die konfuzianische Tugenden und Geisteswissenschaften lehren, doch das Unterrichten kleiner Kinder oder naturwissenschaftlicher Fächer (z. B. mit Laborpraxis) erfordert andere Arten von Klassenzimmern. Dennoch zeigt meine Erfahrung beim Unterrichten von Kindern von Wanderarbeitern in Peking, zusammen mit meinem Sohn Julien, den Wert eines konfuzianisch inspirierten Ansatzes (siehe https://digitalcommons.unl.edu/cgi/viewcontent.cgi?article=1593&context=chinabeatarchive).

105. Es versteht sich von selbst, dass diese Art des Unterrichtens sehr zeitintensiv ist. Der ideale konfuzianische Lehrer unterrichtet Vollzeit und verabschiedet sich von der Forschung. Kein Wunder, dass Konfuzius keine Zeit hatte, seine eigenen Ideen aufzuschreiben!

106. Der Likör ist eher für seine implizite Anrufung der konfuzianischen Tradition als für seinen Geschmack bekannt. Ich habe einmal am Bahnhof von Qufu eine Flasche *Kong Mansion*-Likör gekauft, die wie eine Bambusrolle der *Analects* des Konfuzius gestaltet war (die Flasche verbarg sich hinter dem Text).

107. Als sich die Beziehungen zwischen den USA und China verschlechterten, verbot die US-Regierung Absolventen von West Point und anderen führenden Militärakademien die Teilnahme am Schwarzman-Programm, vermutlich in der Annahme, ein besseres Verständnis für China könnte zu größerer Sympathie für das Land führen. Dies ist bedauerlich, sowohl weil solche Bildungsaustausche dazu beitragen können, Konflikte zu reduzieren, als auch weil Schwarzman-Stipendiaten mit militärischem Hintergrund von einigen Ideen und Praktiken Chinas zum Nutzen der Vereinigten Staaten lernen können (siehe z. B. Regina Parkers Argument, dass chinesische Militärausbildung für Universitätsstudenten in den USA implementiert werden kann und sollte: https://www.huffpost.com/entry/learning-from-communist-china_b_57fd794fe4b0210c1faea8a9).

108. Wenn in diesen Bemerkungen eine Beschwerde mitschwingt, dann nicht nur darüber, dass unser Kurs herabgestuft wurde. Das Programm zielt darauf ab, ein besseres Verständnis für China zu fördern. Meiner Meinung nach können Studierende China nicht verstehen, ohne die Schlüsselthemen der chinesischen Geschichte und Kultur zu kennen. Ich habe wiederholt, leider erfolglos, für mehr Kurse über das China vor dem 20. Jahrhundert plädiert.

109. Ich schmeichelte nicht nur meinen lokalen Gastgebern. Chin-Shing Huang argumentiert, dass die Einwände gegen Xunzis Verehrung weitgehend unfair waren. Wenn die beiden Hauptkriterien für eine Verehrung weiterhin gelten – „die Bedeutung des Kandidaten für die Entwicklung des konfuzianischen Lernens und seine aktuelle Relevanz" –, dann gibt es gute Gründe für die (Wieder-)Verehrung von Xunzi

(Huang, *Confucianism and Sacred Space: The Confucius Temple from Imperial China to Today*, übersetzt von Jonathan Chin mit Chin-shing Huang [New York: Columbia University Press, 2020], S. 168).

110. Siehe Han Feizis Kritik an den „fünf Schädlingen", darunter Gelehrte, die „Zweifel an den Gesetzen des Staates säen und den Herrscher in zwei Meinungen spalten". Han Feizis Rat an die Herrscher lautet, „solche Schädlinge auszurotten" (http://afe.easia.columbia.edu/ps/cup/hanfei_five_vermin.pdf).

111. Bell, *China's New Confucianism*, Kap. 1.

112. https://www.marxists.org/archive/marx/works/1875/gotha/index.htm.

113. https://www.guancha.cn/LvDeWen/2021_09_14_607005.shtml.

114. Siehe z. B. https://www.nytimes.com/2022/01/05/technology/china-tech-internet-crackdown-layoffs.html und https://www.ft.com/content/e4df19e8-7247-4086-9f86-5364df06c145.

115. Ich möchte nicht andeuten, dass alles, was die KPCh tut, den marxistischen Idealen entspricht. Marx hätte die Einschränkungen der Redefreiheit und der sozialen Kritik nicht gebilligt.

116. Ich besuchte Z. im Jahr 2016, um meinen Respekt zu bekunden. Ich war überrascht von seinem echten Engagement für den Marxismus und dachte damals, er stehe auf der falschen Seite der Geschichte. Er starb 2018. Heute erkenne ich, dass vielleicht ich auf der falschen Seite der Geschichte stand, auch wenn ich nach wie vor denke, dass Sozialismus keine Wissenschaft ist.

117. https://www.nytimes.com/live/2021/11/11/world/china-xi-jinping-cpc.

118. Die nächsten drei Absätze basieren auf Bell und Wang, *Just Hierarchy*, S. 180–182.

119. http://english.www.gov.cn/news/top_news/2017/09/27/content_281475888488000.htm#:~:text=The%20realization%20of%20communism%20is,as%20its%20guide%20to%20action.

120. Siehe Haig Patapan und Wang Yi, „The Hidden Ruler: Wang Huning and the Making of Contemporary China", *Journal of Contemporary China*, Oktober 2017, S. 9.

121. Zitiert in https://asia.nikkei.com/Spotlight/Comment/Xi-Jinping-points-China-to-Communist-Revolution-2.0.

122. Zu Marx' Unterscheidung zwischen niedrigerem und höherem Kommunismus, siehe https://www.marxists.org/archive/marx/works/1875/gotha/.

123. Zitiert in Daniel Guérin, *Anarchism: From Theory to Practice* (New York: Monthly Review Press, 1970), S. 25–26.

124. Übersetzt nach: https://www.marxists.org/archive/marx/works/1874/04/bakunin-notes.htm.

125. David Stasavage, *The Decline and Rise of Democracy: A Global History from Antiquity to Today* (Princeton, N.J.: Princeton University Press, 2020).

126. Willy Wo-Lap Lam, „Beijing Harnesses Big Data and AI to Perfect the Police State", Jamestown Foundation, 21. Juli 2017.

127. https://www.marxists.org/archive/marx/works/1845/german-ideology/ch01a.htm.

128. Siehe Feng Xiang, „我是阿尔法–论人际关系伦理" [Über Mensch-Computer-Ethik], *Wenhua zongheng* 12 (2017): 128–139.

129. https://thenewobjectivity.com/pdf/marx.pdf.

130. Nick Bostrom, *Superintelligence: Paths, Dangers, Strategies* (Oxford: Oxford University Press, 2014).

131. Für ein ausführlicheres Argument siehe Bell und Wang, *Just Hierarchy*, Kap. 5.

132. Zum Argument, dass legalistischer Zwang notwendig (aber nicht ausreichend) gewesen sei, um Covid in China zu einzudämmen, siehe Daniel A. Bell und Wang Pei, „Just Hierarchy", *American Purpose*, 4. August 2021 (https://www.americanpurpose.com/articles/just-hierarchy/).

133. David J. Chalmers, *Reality+: Virtual Worlds and the Problems of Philosophy* (New York: Norton, 2022).

134. Lenins Idee einer Avantgardepartei mit proletarischem Bewusstsein war für eine industrielle Gesellschaft in Zeiten revolutionärer Umbrüche gedacht, daher sind die Lehren für die Gegenwart alles andere als eindeutig.

135. https://ctext.org/liji/li-yun.

136. https://www.bartleby.com/130/1.html.

137. https://journals.sagepub.com/doi/10.1177/0306422015591436?icid=int.sj-abstract.similar-articles.3.

138. Siehe Kap. 9 für weitere Details.

139. An der Tsinghua-Universität geriet ich in politische Schwierigkeiten wegen eines Kommentars in der *Financial Times*, in dem ich vorschlug, die KPCh solle ihren Namen ändern (einen ähnlichen Punkt hatte ich in einem akademischen Buch gemacht, aber politisch heikle Aussagen wiegen schwerer, wenn sie in populären Medien erscheinen). Der Institutsleiter lud mich in sein Büro ein und bot mir Tee an. Ich sagte: „Nein danke, ich hätte lieber Kaffee." Als er darauf bestand, mir Tee zu servieren, ein Code für eine politische Zurechtweisung, wusste ich, dass ich in Schwierigkeiten war. Das Problem ist, dass der Kommentar ins Chinesische (falsch) übersetzt worden war und suggerierte, ich sei für den Sturz der KPCh. Ich erklärte die Fehlübersetzung, woraufhin der Leiter zufrieden war. Er empfahl mir,

Übersetzungen künftig zu beaufsichtigen und vorab zu veröffentlichen. Dies war ein vernünftiger Vorschlag, auch wenn er vielleicht überschätzte, wie viel Kontrolle ich im Zeitalter sozialer Medien tatsächlich hatte.

140. In den letzten Jahren hat sich die Lage verschlechtert. Selbst englischsprachige wissenschaftliche Arbeiten werden aus dem Unterricht verbannt, wenn sie sensible Themen berühren, etwa wenn der Autor das Wort „Land" verwendet, um Taiwan zu beschreiben.

141. https://www.xuetangx.com/course/sdu-01011004962intl/7733555?channel=home_course_ad.

142. Um die Studierenden zum Sprechen zu ermutigen (jene aus Shandong sind fleißig, aber ungewöhnlich schüchtern und höflich, vielleicht als ein Erbe der konfuzianischen Kultur), teile ich sie in Dreiergruppen ein und lasse einen von ihnen die Ansichten der Gruppe vertreten. So fühlen sie sich freier zu sagen, was sie denken, ohne die direkte Verantwortung für das zu übernehmen, was sie sagen. Schließlich tauchen vielfältige Standpunkte und klare Unterschiede auf; dann fordere ich einzelne Studierende auf, kontrastierende Standpunkte auszuarbeiten.

143. Das heißt jedoch nicht, dass es einfach wäre, zeitgenössische Interpretationen des Marxismus zu lehren, die von staatlich genehmigten Ansichten abweichen. Mir wurde verboten, mein Buch *Just Hierarchy* (mitverfasst von Wang Pei) in einem Graduiertenseminar zu verwenden, weil wir Missbräuche des Marxismus in China kritisieren. Ironischerweise wurde das gleiche Buch von westlichen Kritikern dafür kritisiert, zu „pro-KPCh" zu

sein (siehe das neue Vorwort für die Taschenbuchausgabe von *Just Hierarchy*, 2022).

144. Es gibt auch positive Gegentrends: Sozialwissenschaftliche Arbeiten zu Umweltproblemen, die in der Vergangenheit vielleicht tabu waren, werden heute von den Behörden oft begrüßt, wenn auch vor allem deshalb, weil Umweltschutz mittlerweile Regierungspriorität ist und man weiß, dass akademische Forschung der politischen Sache dienlich sein kann.

145. Einer meiner Kollegen bemerkte eine subtile Form der Zensur. Vor einigen Jahren hatte er ein umfangreiches Buch eines berühmten amerikanischen Wissenschaftlers über einen jüngeren chinesischen Führer übersetzt. Er bat mich zu raten, welcher Teil seiner Übersetzung zensiert worden war. Ich vermutete den Teil über die Tötungen am 4. Juni 1989 in Peking. Er bestätigte dies, meinte aber, das sei nicht der wichtigste Eingriff. Nur wer die chinesische Politik gut kenne, könne richtig raten: Es war das Register. Man wollte es den Leuten nur erschweren, gezielt nachzuschlagen, was über wen gesagt wurde.

146. Siehe Kap. 4.

147. Ich bin Song Bing dankbar, der das Buch unermüdlich Korrektur gelesen und mit solchen Strategien durch die Zensur gebracht hat.

148. https://www.jstor.org/stable/24027184.

149. https://www.scmp.com/comment/opinion/article/3051402/coronavirus-holds-mirror-chinas-problems-and-nation-will-be-better.

150. https://www.nytimes.com/2015/04/17/opinion/teaching-western-values-in-china.html.

151. Wenn China die Zensur in Gesellschaft und Wissenschaft lockert, würde es damit sein Engagement für politische Meritokratie unter Beweis stellen, ähnlich

wie Singapur. Wie John Stuart Mill in „On Liberty"
argumentiert, ermöglicht die Redefreiheit die Kritik
an falschen Ideen, die Artikulation neuer und bes-
serer Ideen und Lebensweisen sowie die Auswahl-
möglichkeit, die uns hilft, die „Weisen und Edlen"
unter uns zu identifizieren und zu stärken. Redefreiheit ist bedeutsam, weil sie nicht nur zeigt, *was*
wichtig, sondern auch *wer* wichtig ist. Wenn Zensur
und Medienkontrollen zunehmend dazu dienen, die
Regeln durchzusetzen und die ideologische Orthodoxie aufrechtzuerhalten, signalisiert die chinesische
Regierung damit ihr Engagement für eine legalistische autokratische Tradition, die Stabilität über
sozialen Fortschritt und Anpassung an neue Um-
stände stellt. Es mag ein „meritokratisches" Argument für Zensur und starke soziale Kontrolle geben,
wenn relativ gut informierte Eliten sich über politische Prioritäten einig sind und Führer auswählen,
die diese auch umsetzen (zum Beispiel bestand in
den 1960er und 1970er Jahren in Singapur und in
den 1970er und 1980er Jahren in China unter den
Eliten weitgehende Übereinstimmung darin, dass
Armutsbekämpfung Priorität habe und Wirtschaftswachstum das beste Mittel sei, den Wohlstand des
Volkes fördern.) In solchen Kontexten gab es wenig
Bedarf, Alternativen zu diskutieren. Hingegen ist die
verschärfte Zensur in einer hochgebildeten und vielfältigen Bevölkerung das Rezept für eine langfristige
Katastrophe, insbesondere in einer Welt des raschen
technologischen Wandels und unvorhersehbarer globaler Schocks, die ständig neues Denken, Experimentieren und Wege zur Bewältigung unerwarteter
Herausforderungen erfordern. Schon Konfuzius ar-
tikulierte die Idee, dass wir Redefreiheit brauchen,

um Fehlverhalten aufzudecken und neue und bessere Ideen der Politikgestaltung vorzubringen: „Wenn das, was ein Herrscher sagt, nicht gut ist und niemand ihm widerspricht", warnte er, „dann könnte dieser eine Satz einen Staat zugrunde richten" (13.15). Solche Aussagen waren nicht bloß Theorie: In der Tang- und der Südlichen Song-Dynastie, vielleicht den lebhaftesten Dynastien in der chinesischen Kaiserzeit, gab es erheblichen Raum für politische Kritik und die Erprobung alternativer Ansichten außerhalb der offiziellen Orthodoxie sowie relativ offene und faire Wege zur Auswahl politischer Führer aus verschiedenen sozialen und ethnischen Gruppen (im Vergleich zu anderen Perioden der kaiserlichen Geschichte).

152. https://www.theguardian.com/commentisfree/2008/apr/02/badmouthingbeijing.

153. Bell, *China's New Confucianism*, S. 8.

154. Siehe die Einleitung zu diesem Buch.

155. Die folgenden zwei Absätze basieren auf meinem Essay „Demonizing China: A Diagnosis with No Cure in Sight", in *East–West Reflections on Demonization: North Korea Now, China Next?*, hrsg. von Geir Helgesen und Rachel Harrison (Kopenhagen: NIAS Press, 2020), S. 230–232.

156. Peter Drahos, *Survival Governance: Energy and Climate in the Chinese Century* (Oxford: Oxford University Press, 2021).

157. Siehe Bell und Wang, *Just Hierarchy*, Kap. 5.

158. Die Biden-Administration hat es immerhin geschafft, ein wichtiges Gesetz zur Bekämpfung des Klimawandels zu verabschieden (https://www.nytimes.com/2022/08/07/us/politics/climate-tax-bill-passes-senate.html?action=click&module=Related-Links&pgtype=Article).

159. Für eine systematischere Argumentation siehe mein Buch *The China Model* und Bell und Wang, *Just Hierarchy*, Kap. 2.

160. Siehe etwa den Kommentarbereich von https://www.youtube.com/watch?v=5C1mpNwFj8w. „*Wumao* 无毛" (wörtlich, fünfzig Cent) ist ein abwertender Begriff für Internet-Trolle, die angeblich fünfzig Cent pro Pro-CCP-Kommentar bezahlt bekommen. Ich betrachte mich nach wie vor als unabhängigen Wissenschaftler und schreibe genau das, was ich denke, aber es ist wahr, dass ich insofern „eingebürgert" wurde, als meine akademische Arbeit stark durch die Erfahrung geprägt ist, in Festlandchina zu leben und zu unterrichten. So inspirierte mich meine Erfahrung an der Tsinghua-Universität, über politische Meritokratie zu schreiben, Dort werden viele zukünftige Führungskräfte Chinas ausgebildet und meine Kollegen diskutierten oft darüber, welche Tugenden und Fähigkeiten für Beamte wichtig seien und wie man diese zu bewerten habe. Wäre ich im Westen geblieben – wo ein breiter gesellschaftlicher Konsens herrscht, dass das Prinzip „eine Person, eine Stimme" der einzige moralisch legitime Weg zur politischen Führungsauswahl sei und alle anderen politischen Systeme bloß (schlechte) autoritäre Regime seien – hätte ich mit großer Wahrscheinlichkeit nie über das Thema der politischen Meritokratie in China geschrieben.

161. https://www.ft.com/content/903d37ac-2a63-11e2-a137-00144feabdc0.

162. Chinas politische Zensoren ließen sich für die chinesische Übersetzung nicht täuschen: Wie erwähnt, reichten sie die längste Liste an Kürzungswünschen ein, die mein Redakteur je gesehen hatte.

163. https://www.wsj.com/articles/can-anyone-be-chinese-1500045078.

164. Ich werde häufig gebeten, in chinesischen Medien aufzutreten. Doch ich akzeptiere nur Angebote, die nicht für politische Zwecke missbraucht werden können und bei denen ich die Kontrolle über das Endprodukt habe. Trotzdem geht auch hier manches schief, wenn leitende Zensoren Redakteure überstimmen, die zugesichert hatten, nicht zu kürzen. Im jüngsten Fall hielt ich einen TEDx-Vortrag über politische Meritokratie. Darin argumentierte ich ausdrücklich, dass eine große Lücke zwischen Ideal und Realität bestehe und dass mehr Demokratie und freie Rede nötig seien, um diese Kluft zu verringern. Ich erklärte den Organisatoren, mein Vortrag sei nur dann für ein ausländisches Publikum glaubwürdig, wenn die kritischen Passagen erhalten blieben, einer Verbreitung würde ich nur zustimmen wenn diese nicht gestrichen würden. Die meisten kritischen Teile wurden trotzdem gelöscht und der Vortrag wurde in dieser Fassung auf TEDx verbreitet. Wenige Wochen später hatte er über 50.000 Aufrufe, dann wurde er auch dort gelöscht. (Es fühlte sich seltsam an, von zwei Seiten zensiert zu werden.) Ich schrieb an TED, um nach dem Grund zu fragen, erhielt jedoch nie eine Antwort. Im unwahrscheinlichen Fall, dass der Leser an der gekürzten Version meines Vortrags interessiert ist, lautet der Link https://pan.baidu.com/s/1mdjAHiSIEgc3_QYL9zpmrA.

165. Im November 2021 vereinbarten die Vereinigten Staaten und China, die Beschränkungen für Journalisten zu lockern, eines der wenigen positiven Zeichen der Zusammenarbeit zwischen den beiden Großmächten.

166. https://www.scmp.com/comment/opinion/article/
3127609/improve-chinas-image-globally-welcome-
foreigners-and-let-them-be.

167. Aus Autorensicht hat der Umgang mit den chinesischen Medien einen weiteren Vorteil: Autoren werden in der Regel zu den Schlagzeilen konsultiert und
können ihr Veto gegen solche einlegen, die ihnen
nicht zusagen.

168. David Shambaugh, *China's Communist Party: Atrophy
and Adaptation* (Berkeley: University of California
Press, 2008).

169. Aus meiner Sicht sind solche Fragen meist Gelegenheit für Gegner oder Rivalen, Zweifel an einem Kandidaten zu wecken. Offene oder formelle Fragen zur
politischen Loyalität sind gleichbedeutend mit einer
„Atombombe", wie mir ein Vertrauter sagte. Sie sollten in der Wissenschaft nur als äußerstes Mittel eingesetzt werden.

170. Es gibt einen allgemeinen Trend zur Stärkung der
Parteisekretäre in chinesischen Universitäten (da das
soziale Leben seit dem Amtsantritt von Präsident Xi
politischer geworden ist). In unserem Fall geschah
dies jedoch, weil unser überaus talentierter geschäftsführender Vizedekan mit zwei Aufgabenbereichen
überlastet war (siehe Kap. 3) und jemand ihn unterstützen musste. Anfangs wurde spekuliert, dass ich
einspringen könnte, aber mir fehlte die Energie (und
vielleicht auch die Fähigkeit) dazu. Unser Parteisekretär übernahm nach und nach eine größere
Führungsrolle, was sich als sehr positiv erwies, weil er
beliebt, fair und sehr fleißig ist.

171. In meiner Dankesrede an die Mitglieder des neuen
Kollektivführungsausschusses forderte ich alle auf,
ihre Arbeit gut zu machen, da ich, wie ich scherzhaft

sagte, verantwortlich wäre, wenn etwas schiefginge. Tief in meinem Herzen wusste ich jedoch, dass eine treffendere Beschreibung meiner Rolle lauten würde: „nicht verantwortlich für Verwaltungsaufgaben der Fakultät; sondern nur für symbolische Führung". Siehe Kap. 11 für weitere Details.

172. Diese Geschichte erzählen wir auch in Bell und Wang, *Just Hierarchy*, S. 76–77, aber sie ist zu gut, um sie hier nicht zu wiederholen.

173. Der Gründungsvater unserer Fakultät, Professor Z. (inzwischen verstorben), sagte mir einmal, die zwei Hauptmerkmale eines CCP-Mitglieds seien (1) die Bereitschaft zu sterben und (2) die Fähigkeit, Geheimnisse zu bewahren. Ich antwortete nicht, doch wenn ich es getan hätte, hätte ich gesagt, dass dies sicherlich vom Kontext abhänge – unterschiedliche Rollen erfordern von öffentlichen Beamten unterschiedliche Tugenden. So mag das erste Merkmal für Soldaten relevant sein und das zweite für Spione. Heute würde ich hinzufügen, dass die Mitglieder der Organisationsabteilung die Fähigkeit besitzen sollten, Geheimnisse zu bewahren.

174. Die *gaokao* wird allgemein als die meritokratischste und am wenigsten korrupte Institution im chinesischen Bildungssystem angesehen, obwohl sie junge Menschen in armen ländlichen Gebieten benachteiligt, die keinen Zugang zu guten Lehrern und Vorbereitungsschulen haben. Siehe Zachary M. Howlett, *Meritocracy and Its Discontents: Anxiety and the National College Entrance Exam in China* (Ithaca, N.Y.: Cornell University Press, 2021).

175. Im April 2022 mussten wir eine Ausnahme machen, weil Studenten aufgrund von Covid-Beschränkungen nicht zum Campus kommen konnten. Wir organisierten ganztägige mündliche Online-Prüfungen und

die Prüfer (auch ich) mussten währenddessen einem Administrator ihre Handys übergeben, um sicherzustellen, dass unsere Aufmerksamkeit ausschließlich auf die Prüfungen gerichtet war. (Dies war meinem nie verwirklichten Plan für einen „handyfreien Tag" auf dem Campus, den ich zu Beginn meiner Dekanatszeit hatte, sehr nahe gekommen).

176. In chinesischen Universitäten haben nur Seniorprofessoren (博导) das Recht, Doktoranden zu betreuen. Sie genießen zudem das Privileg, fünf Jahre später in den Ruhestand zu gehen als Professoren ohne diesen Titel.

177. Unsere Universität ist besonders vorsichtig bei allen Verfahren, die den Anschein erwecken könnten, subjektive Faktoren würden die Beförderungen beeinflussen. Ich vermute, das liegt daran, dass die konfuzianisch geprägte Shandong-Kultur so stark auf warme und fürsorgliche soziale Beziehungen und „讲义气" ausgerichtet ist, was man grob als Opferbereitschaft für brüderliche Freunde übersetzen kann (eine andere Übersetzung wäre „Brudertreue oder brüderliche Gerechtigkeit"). Daher besteht die Notwendigkeit, strengere Maßnahmen zu ergreifen, um den Einfluss solcher „subjektiver" Faktoren zu verhindern, die in anderen Teilen Chinas (wie Shanghai) möglicherweise nicht nötig wären, wo soziale Beziehungen tendenziell instrumenteller sind und ein größerer Respekt gegenüber Regeln herrscht. Gleichwohl sollte es möglich sein, unparteiischere akademische Urteile des Forschungsinhalts zu gewährleisten. Ein Ansatz, ähnlich der Praxis an den Universitäten Hongkongs, wäre, dass Beförderungskandidaten ihre drei besten Veröffentlichungen der letzten fünf Jahre einreichen, um sie durch ein klei-

nes, anonymes Komitee von Wissenschaftlern verschiedener Universitäten begutachten zu lassen.

178. Ich habe von einem weiteren Problem gehört, es aber nicht selbst erlebt: Diskriminierung gegenüber Akademikerinnen aufgrund der sexistischen Annahme, sie seien mehr der Familie als dem Arbeitsplatz verpflichtet. Klar ist, dass es nicht genug Unterstützung wie Kindertagesstätten gibt, was sich besonders nachteilig auf Wissenschaftlerinnen auswirkt, die oft einen größeren Anteil an familiären Pflichten tragen. Auch formelle Diskriminierung besteht darin fort, dass Akademikerinnen (wie andere Beamtinnen in China) fünf Jahre früher in den Ruhestand gehen müssen als ihre männlichen Kollegen (Professorinnen mit 55 Jahren, „PhD-Betreuerinnen" 博导mit 60).

179. Wie viele westliche Akademiker können hochwertige Arbeiten in mehr als einer Sprache verfassen? Dies ist auch eine Selbstkritik: Ich kann E-Mails und kurze Arbeiten auf Chinesisch schreiben, habe aber noch nicht versucht, einen wissenschaftlichen Artikel auf Chinesisch zu verfassen.

180. Wir haben einen noch ehrgeizigeren Plan: Bis zum Jahr 2035 soll unsere Fakultät Weltklasse sein. Auch hier stehen wir im Wettbewerb mit anderen Fakultäten für Politikwissenschaft und öffentliche Verwaltung an Festlandchinesischen Universitäten, angesichts der begrenzten Anzahl von Spitzenplätzen. Wir haben zudem einen (weniger detaillierten) Plan für 2050, der unseren Weltklasse-Status weiter festigen soll. Ich hoffe sehr, dass unsere Fakultät weiterhin Fortschritte macht. Gleichzeitig wäre ich überrascht, wenn wir die Fakultäten für Politikwissenschaft und öffentliche Verwaltung an anderen Universitäten in China und weltweit übertreffen könnten. Einer unserer Professoren brachte es scherzhaft auf den

Punkt: Unsere Pläne werden dann wahr, wenn die chinesische Fußballmannschaft die Weltmeisterschaft gewinnt.

181. Professoren werden durch hohe Geldprämien für Artikel motiviert, die in führenden wissenschaftlichen Zeitschriften veröffentlicht werden. Aber der psychische Druck zu veröffentlichen und sich um staatliche Forschungszuschüsse zu bewerben, kann besonders für jüngere Professoren sehr groß sein.

182. Im Unterschied dazu werden Professoren an westlichen Universitäten hauptsächlich für hochspezialisierte Forschung belohnt, unabhängig von der gesellschaftlichen Wirkung. Universitäten werden oft dafür kritisiert, elitäre Institutionen zu sein, die von den Bedürfnissen gewöhnlicher Bürger abgekoppelt sind. Es wäre vielleicht keine schlechte Idee, Akademiker auch nach ihrem Engagement für das öffentliche Interesse zu bewerten, so schwierig dies auch sein mag. In dieser Hinsicht könnte man etwas aus der chinesischen Erfahrung lernen.

183. https://www.scmp.com/news/china/diplomacy/article/3135672/xi-jinping-wants-isolated-china-make-friends-and-win-over.

184. https://china.huanqiu.com/article/43MyYRilpCV.

185. Shanghai gilt in China vielleicht als die „Hauptstadt der Niedlichkeit": In der frühen Phase des harten zweimonatigen Lockdowns im April und Mai 2022 stellten sich einige Shanghaier in niedlichen Tierkostümen für Covid-Tests an. Am Ende des Lockdowns war der unbeschwerte Geist der Shanghaier Niedlichkeit jedoch erloschen, und man kann nur hoffen, dass er in Zukunft wiederbelebt wird.

186. Für weitere Details siehe Bell und Wang, *Just Hierarchy*, S. 102–104.

187. https://edition.cnn.com/2018/11/08/china/gavin-meme-kid-china-intl/index.html.

188. https://journals.plos.org/plosone/article?id=10.1371/journal.pone.0046362.

189. Übersetzt nach: Simon May, *The Power of Cute* (Princeton, N.J.: Princeton University Press, 2019), S. 9.

190. Dieser Abschnitt basiert auf Daniel A. Bell und Wang Pei, „How a Cute Baby Elephant Sheds Light on China's Quest for Soft Power", *South China Morning Post*, 24. Juni 2021.

191. Siehe, z. B. https://www.nytimes.com/2021/06/03/world/asia/china-elephants.html; https://www.bbc.co.uk/newsround/57414955; https://edition.cnn.com/2021/06/09/china/elephants-china-yunnan-intl-hnk/index.html.

192. https://www.scmp.com/news/people-culture/trending-china/article/3135726/after-500km-journey-herd-15-elephants-closing.

193. Siehe https://nypost.com/2021/06/10/drone-captures-elephant-herds-nap-after-300-plus-mile-trek/.

194. http://www.xinhuanet.com/english/2021-06/12/c 1310004751.htm.

195. Ich fühlte mich besonders mit den betrunkenen Elefanten verbunden, die angeblich einschliefen, nachdem sie sich an Maiswein aus dem Haus eines Dorfbewohners bedient hatten. Ich bedaure jedoch, dass die Geschichte möglicherweise apokryph ist (https://www.thatsmags.com/china/post/30902/this-drunk-elephants-in-yunnan-story-is-what-we-need-right-now).

196. „有人竟花1万给猫拉了双眼皮" (Glauben Sie es oder nicht, einige Leute geben 10.000 RMB aus, um ihren Katzen Doppellider machen zu lassen), *Guancha Syndicate*, 27. Februar 2019.

197. John Stuart Mill, *On Liberty* (https://www.guten-
berg.org/files/34901/34901-h/34901-h.htm).

198. Während des unmenschlichen zweimonatigen Lockdowns in Shanghai Anfang 2022 gab es starke Un-
mutsäußerungen. Hätte die Regierung versucht,
einen ähnlichen Lockdown in Peking zu verhängen,
hätte sie möglicherweise eine Revolution ausgelöst.

199. Siehe   https://www.scmp.com/abacus/culture/ar-
ticle/3029492/how-properly-use-three-popular-
emoji-chinese-social-media.

200. Max Webers Essay „Politik als Beruf" argumentierte
bekanntermaßen, dass der gute Politiker von einer
„Ethik der Verantwortung" geleitet wird, die auch
den Einsatz moralisch zweifelhafter Mittel zur Er-
zielung guter Ergebnisse einschließen kann. Webers
Unterscheidung zwischen dem politischen Führer,
der entscheidet, und dem Beamten, der umsetzt,
ist jedoch kontextspezifisch. Im kaiserlichen China
gab es keine getrennten Laufbahnen für politische
Beamte und Zivilbeamte und dasselbe gilt im heutigen China. Siehe die Diskussion in meinem Buch
The China Model, S. 75–78. Alle, die der Öffentlichkeit dienen, treffen schwierige Entscheidungen
und tragen dafür die Verantwortung, wobei Macht
und Verantwortung auf höheren Regierungsebenen
zunehmen.

201. Siehe Michael Marmot, „Spike by Jeremy Farrar with
Anjana Ahuja – Ignoring the Science", *Financial
Times*, 28. Juli, 2021. Farrar wurde auch dafür kritisiert, dass er Covid-Präventionsvorschriften igno-
rierte, die seine Regierung der Bevölkerung auferlegt
hatte.

202. Solche Überlegungen helfen zu erklären (aber nicht
zu rechtfertigen), warum „niedliche" Bilder von
Präsident Xi als Winnie the Pooh in China zensiert

werden (https://www.theguardian.com/world/2018/aug/07/china-bans-winnie-the-pooh-film-to-stop-comparisons-to-president-xi). Selbst wenn solche Bilder auf sympathische Weise Niedlichkeit vermitteln, untergraben sie die Autorität und Würde eines politischen Führers, der schwierige Entscheidungen zum Wohle aller treffen muss.

203. Selten bedeutet nicht nie. Ich habe manchmal Kollegen geholfen; zuletzt solchen, die aufgrund von Covid-Beschränkungen im Ausland feststeckten, um ihre Rückkehr nach China zu ermöglichen. Dennoch habe ich weniger für andere getan als andere Führungskräfte meiner Fakultät und in diesem Sinne versäumt, ein verantwortungsbewusster Dekan zu sein.

204. Siehe Kap. 9 für weitere Details. Das Infragestellen des Wertes akademischer Rankings soll diese Systeme nicht grundsätzlich kritisieren. Wir brauchen eine Art halbobjektives System, um Akademiker zu bewerten, die um eine begrenzte Anzahl von Plätzen konkurrieren.

205. Bei der offiziellen Zeremonie, bei der mir die Dekanwürde verliehen wurde, stellte mich der Universitätspräsident irrtümlich als Soziologen vor, offenbar in Anlehnung an meinen berühmten Namensvetter, den amerikanischen Soziologen Daniel Bell. Das Etikett blieb in offiziellen Universitätsdokumenten haften und ich bat nie um eine Korrektur, in der Hoffnung, dass, wie der echte Daniel Bell mir persönlich mitteilte, „ein chinesischer Gelehrter in der Zukunft vielleicht erstaunt sein wird über die unglaubliche Langlebigkeit eines Daniel Bell mit über neunzig Jahren Produktivität" (zitiert aus einem gefaxten Brief von 1993: siehe meinen Nachruf

für Daniel Bell, https://www.dissentmagazine.org/online_articles/remembering-daniel-bell#bell).

206. Siehe Jiang Qing, *A Confucian Constitutional Order: How China's Ancient Past Can Shape Its Political Future* (Princeton, N.J.: Princeton University Press, 2013), Kap. 3.

207. Ironischerweise kritisierte Perry Link einen Gastbeitrag in der *New York Times* von Jiang Qing und mir: „Es gibt nichts darin, was das stehende Komitee in Peking nicht mögen würde" (https://www.nytimes.com/2012/07/14/opinion/how-to-govern-china.html), was seltsam ist, da jede Verteidigung der symbolischen Monarchie den Zorn der Zensoren im heutigen China auf sich ziehen würde.

208. https://www.statista.com/statistics/863893/support-for-the-monarchy-in-britain-by-age/.

209. https://www.rcinet.ca/en/2021/03/17/new-poll-suggests-support-of-monarchy-in-canada-continues-to-diminish/.

210. James Hankins, *Patrizi and Modern Politics* (Cambridge, Mass.: Harvard University Press, in Vorbereitung).

211. Tom Ginsburg, Dan Rodriguez und Barry Weingast, „Constitutional Monarchy as Equilibrium: Why Kings and Queens Survive in a World of Republics" (unveröffentlichtes Manuskript, September 2021), S. 2–3. Zu beachten ist der Unterschied der Terminologie. Der Begriff „symbolische Monarchie" ist dem Konzept der konstitutionellen Monarchie ähnlich, bei der ein Monarch auch nur symbolisch herrscht. Prinzipiell kann das Ideal der symbolischen Monarchie auch ohne formelle verfassungsrechtliche Beschränkungen wirksam sein, weshalb ich diesen Begriff bevorzuge. Siehe auch Dong Fangkui, „The

Constitutional Monarchy and Modernization: Kang Youwei's Perspectives on 'Keeping the Emperor and Royal System in China'" *Canadian Social Science* 10, Nr. 2 (2014): 1–8. Dong argumentiert, dass konstitutionelle Monarchien im 20. Jahrhundert stabiler und schneller entwickelt wurden als demokratische republikanische Länder und kommt zu dem Schluss, dass „das System der konstitutionellen Monarchie anerkannt und gefördert werden sollte" (S. 8). Er fügt nicht „in China" hinzu, aber die Implikation ist klar.

212. Im kaiserlichen System Chinas schützte der Monarch Minderheitengruppen nicht nur. Vielmehr konnten Mitglieder von Minderheiten oder Außengruppen wie Mongolen und Mandschu sogar selbst Monarchen werden, sofern sie die rituellen Zeremonien der vergangenen Dynastien erfüllten.

213. Diese Argumente stützen sich auf Ginsburg, Rodriguez und Weingast, „Constitutional Monarchy as Equilibrium".

214. Theoretisch ist denkbar, dass ein weiser König oder eine weise Königin so perfekt regiert, dass er oder sie keine falschen Entscheidungen trifft. Für eine fantasievolle Darstellung einer weisen Königin, die China im Jahr 2040 regiert, siehe Jean-Louis Roy, *Shanghai 2040* (Montreal: Libre Expression, 2021). Ein solches Zukunftsszenario ist allerdings unwahrscheinlich. Historisch gesehen ist es schwierig, einen Herrscher zu finden, der nie eine Fehlentscheidung getroffen hat.

215. Hankins, *Patrizi and Modern*.

216. Solche informellen Normen für Reden chinesischer Beamten haben keine offizielle Rechtfertigung. Flache Affektivität soll Engagement für harte Arbeit und

die Tugend der Unparteilichkeit vermitteln. In anderen Kontexten – etwa bei einem Abendessen mit Freunden – kann dieselbe Person warm und humorvoll sein und wunderbare Geschichten erzählen, die persönliche Vorlieben und Abneigungen deutlicher zum Ausdruck bringen. Die Drei-Punkte-Norm ist vielleicht der Mittelweg zwischen zwei Extremen: Das Publikum würde sich von nur einem oder zwei Punkten einer Rede vielleicht unterfordert, von zu vielen Punkten wiederum überfordert fühlen. Die Zahl vier wird üblicherweise vermieden, weil sie in China eine Unglückszahl ist – *si* 四, sie klingt ähnlich wie *si* 死, das Wort für Tod – während fünf Punkte für die meisten Menschen zu viele wären. Somit scheinen drei Punkte genau richtig zu sein. Manche Redner betten allerdings viele Unterpunkte in die drei Hauptpunkte ein. (Ein Beispiel: 37 Unterpunkte in einer 85-minütigen Rede eines unserer Fakultätsleiter, was keine erfolgreiche Strategie war, um die Aufmerksamkeit der Zuhörenden zu halten.)

217. Vivienne Shue argumentiert, dass Präsident Xi auf das Erbe der kaiserlichen Ritualperformance zurückgreift, um „politische Positionen einzunehmen, wie sie einst Kaiser innehatten". Siehe Shue, „Regimes of Resonance: Cosmos, Empire, and Changing Technologies of CCP Rule", *Modern China*, 11. Januar 2022, S. 26 (https://journals.sagepub.com/doi/full/10.1177/00977004211068055). Ich erlebte diesen Vergleich erstmals 2013, als ein gut vernetzter Geschäftsmann beiläufig auf Präsident Xi als „皇帝" (Kaiser) verwies.

218. Edward Muir, *Civic Ritual in Renaissance Venice* (Princeton, N.J.: Princeton University Press, 1981), S. 186.

219. Ray Huang, *1587, a Year of No Significance: The Ming Dynasty in Decline* (New Haven, Conn.: Yale University Press, 1981), S. 3, 76, 5.

220. Zitiert in ibid, S. 46–47.

221. Präsident Xi selbst sagte: „Glück muss durch harte Arbeit erreicht werden" (offizielle Übersetzung in https://www.xinhuanet.com/engl)]]]]ish/2021-08/11/c_1310121056.htm). Der chinesische Satz lautet „要幸福就要斗争", wörtlich: „wenn du Glück willst, musst du kämpfen". Der Begriff „斗争" (Kampf) hat marxistische Anklänge an den Klassenkampf. Doch großzügiger interpretiert meint Xi: „Glück erlangt man durch harte Arbeit und das Überwinden von Hindernissen im Dienst der Öffentlichkeit." Dies ist ein feines Ethos für Beamte, aber es gibt auch andere Wege, glücklich zu sein.

222. Im Dezember 2018 wurde Meng Wanzhou, Finanzchefin von Huawei, auf Veranlassung der US-Regierung von kanadischen Behörden festgenommen. Kurz darauf wurden in China, offenbar als Vergeltung, zwei Kanadier, Michael Kovrig und Michael Spavor, inhaftiert. Meng verblieb unter Hausarrest in ihrem Luxushaus in Vancouver, die „zwei Michaels" erfuhren entsetzliche Gefängnisbedingungen. In dieser Zeit befürchteten Kanadier in China (einschließlich mir), ebenfalls als Geiseln festgehalten zu werden, wenn sich die bilateralen Beziehungen weiter verschlechtern würden. Die drei Gefangenen wurden im September 2021 freigelassen. Damit entfiel das Argument, dass ich weiterhin als Dekan dienen musste, um nicht den Eindruck einer politischen Säuberung zu erwecken.

GPSR Compliance
The European Union's (EU) General Product Safety Regulation (GPSR) is a set
of rules that requires consumer products to be safe and our obligations to
ensure this.

If you have any concerns about our products, you can contact us on

ProductSafety@springernature.com

In case Publisher is established outside the EU, the EU authorized
representative is:

Springer Nature Customer Service Center GmbH
Europaplatz 3
69115 Heidelberg, Germany